Descobrir Jogos Online Grátis

Disponível Aqui:

BestActivityBooks.com/FREEGAMES

5 DICAS PARA COMEÇAR

1) CÓMO RESOLVER LAS SOPA DE LETRAS

Os puzzles têm um formato clássico:

- As palavras estão escondidas sem espaços ou hífenes,...
- Orientação: As palavras podem ser escritas para a frente, para trás, para cima, para baixo ou na diagonal (podem ser invertidas).
- As palavras podem sobrepor-se ou intersectar-se.

2) APRENDIZAGEM ACTIVA

Ao lado de cada palavra há um espaço para anotar a tradução. Para encorajar a aprendizagem activa, um **DICIONÁRIO** no final desta edição permitir-lhe-á verificar e expandir os seus conhecimentos. Procure e anote as traduções, encontre-as no puzzle e adicione-as ao seu vocabulário!

3) MARCAR AS PALAVRAS

Pode inventar o seu próprio sistema de marcação - talvez já use um? Pode também, por exemplo, marcar palavras difíceis de encontrar com uma cruz, palavras favoritas com uma estrela, palavras novas com um triângulo, palavras raras com um diamante, e assim por diante.

4) ESTRUTURANDO A APRENDIZAGEM

Esta edição oferece um **CADERNO DE NOTAS** prático no final do livro. Nas férias, em viagem ou em casa, pode facilmente organizar os seus novos conhecimentos sem a necessidade de um segundo caderno!

5) JÁ TERMINOU TODAS AS GRELHAS?

Nas últimas páginas deste livro, na secção **DESAFIO FINAL**, encontrará um jogo gratuito!

Rápido e fácil! Consulte a nossa colecção de livros de actividades para o seu próximo momento de diversão e **aprendizagem**, a apenas um clique de distância!

Encontre o seu próximo desafio em:

BestActivityBooks.com/MeuProximoLivro

Aos vossos lugares, preparem-se...Vão!

Sabia que existem cerca de 7.000 línguas diferentes no mundo? As palavras são preciosas.

Adoramos línguas e temos trabalhado arduamente para criar livros da mais alta qualidade para si. Os nossos ingredientes?

Uma selecção de tópicos adequados à aprendizagem, três boas porções de entretenimento, e depois acrescentamos uma colherada de palavras difíceis e uma pitada de palavras raras. Servimo-los com amor e máximo divertimento, para que possa resolver os melhores jogos de palavras e se divirta a aprender!

A sua opinião é essencial. Pode participar activamente no sucesso deste livro, deixando-nos um comentário. Gostaríamos de saber o que mais lhe agradou nesta edição.

Aqui está um link rápido para a sua página de encomendas:

BestBooksActivity.com/Avaliacoes50

Obrigado pela vossa ajuda e divirtam-se!

A Equipa Inteira

1 - Dirigindo

```
B  L  O  Y  Y  Đ  X  E  H  Ơ  I  H  C  N
I  Ả  A  L  B  T  Ư  E  D  G  B  T  Ả  H
B  G  N  V  R  A  Đ  Ờ  M  D  P  T  N  I
G  I  T  Đ  R  I  Ư  L  N  Á  D  Q  H  Ê
V  Ấ  O  I  Ồ  N  Ờ  H  G  G  Y  Y  S  N
Đ  Y  À  B  N  Ạ  N  Q  G  I  P  T  Á  L
Ộ  P  N  Ộ  G  N  G  A  R  A  H  H  T  I
N  H  C  M  U  A  G  A  I  O  A  Ậ  Ố  Ễ
G  É  I  V  Y  I  M  I  D  T  N  N  O  U
C  P  C  K  H  A  G  A  D  H  H  T  Q  L
Ơ  Q  Y  L  I  M  K  K  Y  Ô  O  R  C  P
A  U  L  K  Ể  K  H  P  P  N  P  Ọ  P  T
Q  N  R  D  M  A  Í  V  V  G  I  N  K  D
V  Ậ  N  C  H  U  Y  Ể  N  A  R  G  T  H
```

TAI NẠN   XE MÁY
XE HƠI   ĐỘNG CƠ
NHIÊN LIỆU   ĐI BỘ
THẬN TRỌNG   NGUY HIỂM
ĐƯỜNG   CẢNH SÁT
PHANH   ĐƯỜNG PHỐ
GA-RA   AN TOÀN
KHÍ   VẬN CHUYỂN
GIẤY PHÉP   GIAO THÔNG
BẢN ĐỒ

2 - Atividades

```
V  B  Ứ  C  T  R  A  N  H  H  K  H  T  R
I  O  K  Â  R  M  A  Đ  L  V  Ỹ  À  K  M
N  I  I  U  Ò  T  A  Ồ  N  Y  N  I  U  Y
H  V  V  C  C  L  L  T  G  O  Ă  L  N  G
I  O  A  Á  H  O  À  H  H  T  N  Ò  I  B
Ế  Q  Ạ  O  Ơ  I  M  Ủ  Ễ  U  G  N  B  R
P  I  L  T  I  L  V  C  T  A  Ậ  G  T  M
Ả  M  D  V  Đ  A  Ư  Ô  H  Y  G  T  H  Q
N  T  G  S  Q  Ộ  Ờ  N  U  C  I  H  D  G
H  N  B  Ă  U  A  N  G  Ậ  P  Ả  Ư  U  M
Đ  Q  O  N  O  L  K  G  T  O  I  G  L  H
Q  Ọ  K  B  C  B  D  G  C  Y  T  I  K  R
C  D  C  Ắ  T  Q  N  D  B  M  R  Ã  G  U
B  Y  A  N  D  G  D  R  G  B  Í  N  Y  C
```

NGHỆ THUẬT
ĐỒ THỦ CÔNG
HOẠT ĐỘNG
SĂN BẮN
NHIẾP ẢNH
KỸ NĂNG
LÀM VƯỜN
TRÒ CHƠI

GIẢI TRÍ
ĐỌC
MA THUẬT
CÂU CÁ
BỨC TRANH
HÀI LÒNG
THƯ GIÃN

3 - Churrascos

```
T Y V M H R A U R U A T T N
V R Q G N T R Á I C Â Y Q Ư
S D Ẻ À D V N Ó N G O O N Ớ
C A O E V U G R K A U G O C
P O L T M L C B Ữ A T Ố I X
B I G A I R R Ữ G M R U U Ố
M O I T D Ê U A H L Ò H C T
Ù D A D B S U T C À C H U A
A G Đ Ó I O M R R R H R M Y
H U Ì V Q V O Ư C Y Ơ L I U
È M N Ư Ớ N G A L Ờ I M Ờ I
N P H B L B H I Q G D U K K
A I M L V Y M O Q O C Ố A Q
V I O C Â M N H Ạ C O I Q V
```

BỮA TRƯA
LỜI MỜI
TRẺ EM
DAO
GIA ĐÌNH
ĐÓI
GÀ
TRÁI CÂY
NƯỚNG
BỮA TỐI

TRÒ CHƠI
RAU
NƯỚC XÓT
ÂM NHẠC
TIÊU
NÓNG
MUỐI
SALADS
CÀ CHUA
MÙA HÈ

4 - Pesca

```
A O O A H T T C P T R M K S
M P Y Q B G H Á H À M A I Ô
T C Q N N I I Ó M Ó C Ê N
B B B D Q P Ế R N Ấ U T N G
A Ã P M M N T Ổ G A I L N O
P N I M A M B Y Đ K A L H R
Q Ư C B C N Ị M Ạ U D I Ẫ M
Q Ớ T D I V G M I T V M N Ù
M C H H O Ể Â M Ồ I H Ồ C A
Q V U I Q L N Y O K H T Q D
Y O Y C Â N N Ặ N G L M K M
B K Ề B K Đ Ạ I D Ư Ơ N G U
H I N R I K M O Â D K C G V
K G G R C N D M Y I A L H L
```

NƯỚC	MỒI
VÂY	HỒ
THUYỀN	HÀM
MANG	ĐẠI DƯƠNG
CÁI RỔ	KIÊN NHẪN
NẤU	CÂN NẶNG
THIẾT BỊ	BÃI BIỂN
PHÓNG ĐẠI	SÔNG
DÂY	MÙA
MÓC	

5 - Geologia

L	Ơ	P	D	S	Q	O	P	T	A	X	I	T	Đ
L	O	H	U	A	T	I	N	H	T	H	Ể	V	Ộ
Ụ	R	P	N	N	C	O	I	Ạ	H	T	A	O	N
C	P	L	G	H	C	A	L	C	I	U	M	K	G
Đ	Đ	H	N	Ô	O	M	Y	H	M	K	G	R	Đ
Ị	M	Á	H	I	T	C	Y	A	D	T	O	N	Ấ
A	L	H	A	N	G	Đ	Ộ	N	G	L	M	Ú	T
K	L	A	M	P	C	N	X	H	A	C	U	I	K
H	Ó	A	T	H	Ạ	C	H	Ó	D	H	Ố	L	M
C	A	O	N	G	U	Y	Ê	N	I	N	I	Ử	N
C	C	V	U	K	G	M	O	D	M	M	P	A	H
L	C	Q	Ù	B	Q	N	B	P	H	N	Ò	R	Ũ
K	H	O	Á	N	G	S	Ả	N	R	Q	L	N	Đ
N	D	T	T	O	G	H	K	M	Ă	N	G	Đ	Á

AXIT
LỚP
HANG ĐỘNG
CALCIUM
LỤC ĐỊA
SAN HÔ
TINH THỂ
XÓI MÒN
NHŨ ĐÁ
MĂNG ĐÁ

HÓA THẠCH
DUNG NHAM
KHOÁNG SẢN
ĐÁ
CAO NGUYÊN
THẠCH ANH
MUỐI
ĐỘNG ĐẤT
NÚI LỬA
VÙNG

6 - Tempo

```
I  Đ  G  I  B  U  C  M  R  U  I  Q  P  K
O  Ồ  H  P  U  H  T  H  Á  N  G  I  C  Y
H  N  Y  U  Ổ  M  Ô  V  Ố  P  H  Ú  T  N
N  G  À  Y  I  I  H  M  N  C  V  H  P  G
Ă  H  O  G  T  T  U  Ầ  N  Y  L  Ị  C  H
M  Ồ  C  I  R  R  B  D  T  A  B  Á  R  H
Y  H  N  M  Ư  Ư  U  V  Ư  I  Y  N  T  À
N  C  T  D  A  Ớ  Ổ  C  Ơ  V  L  V  H  N
A  G  P  B  O  C  I  Q  N  U  T  A  Ậ  G
U  U  B  Â  D  G  S  T  G  D  R  B  P  N
U  U  O  Y  Y  M  Á  H  L  Q  B  G  K  Ă
G  I  Ờ  G  Đ  A  N  P  A  I  G  V  Ỷ  M
L  I  L  I  T  Ê  G  H  I  T  H  Ế  K  Ỷ
V  B  B  Ờ  P  D  M  H  Ô  M  Q  U  A  N
```

BÂY GIỜ	BUỔI SÁNG
NĂM	BUỔI TRƯA
TRƯỚC	THÁNG
HÀNG NĂM	PHÚT
LỊCH	CHỐC LÁT
THẬP KỶ	ĐÊM
NGÀY	HÔM QUA
TƯƠNG LAI	ĐỒNG HỒ
HÔM NAY	TUẦN
GIỜ	THẾ KỶ

7 - Astronomia

```
N  H  Ậ  T  T  H  Ự  C  I  P  V  Y  T  U
B  Ầ  U  T  R  Ờ  I  C  V  H  Ệ  P  I  T
B  B  T  U  G  L  U  M  P  Â  T  G  N  R
T  Ứ  T  H  I  Ê  N  H  À  N  I  I  H  Ọ
R  G  C  H  Ò  M  S  A  O  A  N  Y  V  N
Á  I  T  X  L  B  N  T  U  K  H  Q  Â  G
I  O  I  G  Ạ  S  A  O  B  Ă  N  G  N  L
Đ  À  I  Q  U  A  N  S  Á  T  O  Y  G  Ự
Ấ  K  I  M  O  N  T  Ê  N  L  Ử  A  R  C
T  A  I  C  P  H  I  H  À  N  H  G  I  A
O  P  S  A  O  C  H  Ổ  I  V  Ũ  T  R  Ụ
M  Ặ  T  T  R  Ă  N  G  B  Ê  K  U  Y  V
C  Q  H  À  N  H  T  I  N  H  N  C  T  C
S  I  Ê  U  T  Â  N  T  I  N  H  A  N  M
```

PHI HÀNH GIA	TRỌNG LỰC
THIÊN	MẶT TRĂNG
BẦU TRỜI	SAO BĂNG
SAO CHỔI	TINH VÂN
CHÒM SAO	ĐÀI QUAN SÁT
VŨ TRỤ	HÀNH TINH
NHẬT THỰC	BỨC XẠ
PHẦN	VỆ TINH
TÊN LỬA	SIÊU TÂN TINH
THIÊN HÀ	TRÁI ĐẤT

8 - Circo

```
N A K Q R L T R M U G D B C
D T C H I C L Ừ A M G I K R
B U Y R Ỉ Y S Ư T Ử L L A L
Đ Đ T C O N H Ổ H V M U Y T
Ộ O U U V B Q L U R K C C A
N B Q M N M A K Ậ I B K P K
G B L H I G T T I U Y I N
V M B A H R H D B K C A O P
Ậ R L Ề U G T Ứ Đ Ẹ P M Ắ T
T Â M N H Ạ C G N O L M I T
T R A N G P H Ụ C G C P A B
K H Á N G I Ả B Ó N G B A Y
R R C O N V O I I K N Q N P
U P T I Q É T M Q D D R B A
```

ACROBAT
ĐỘNG VẬT
BÓNG BAY
VÉ
KẸO
CON VOI
KHÁN GIẢ
ĐẸP MẮT
SƯ TỬ

KHỈ
MA THUẬT
TUNG HỨNG
ÂM NHẠC
LỀU
CON HỔ
TRANG PHỤC
LỪA

9 - Acampamento

```
D  T  Q  C  V  T  C  Ô  N  T  R  Ù  N  G
N  Â  P  Â  I  Õ  A  M  I  Ú  V  B  L  L
R  A  Y  Y  B  B  N  D  T  M  I  V  Y  A
Ù  I  T  T  Q  C  B  G  V  I  A  G  M  B
N  N  H  N  H  Đ  Ộ  N  G  V  Ậ  T  Ũ  À
G  L  I  B  Ồ  Ừ  B  Ả  N  Đ  Ồ  H  T  N
A  O  Ê  L  Ề  U  N  X  U  Ồ  N  G  H  M
S  Ă  N  B  Ắ  N  T  G  V  U  H  K  I  V
Đ  È  N  L  Ồ  N  G  N  D  G  M  B  Ế  T
T  P  H  A  G  Y  R  Y  T  L  I  U  T  I
L  V  I  N  C  Y  H  V  H  L  M  L  B  K
A  V  Ê  C  A  B  I  N  I  P  A  K  Ị  I
G  B  N  L  T  M  M  R  D  L  P  Q  L  B
M  Ặ  T  T  R  Ă  N  G  L  Ử  A  O  T  M
```

ĐỘNG VẬT	LỬA
CÂY	CÔN TRÙNG
LA BÀN	HỒ
CABIN	ĐÈN LỒNG
SĂN BẮN	MẶT TRĂNG
XUỒNG	VÕNG
MŨ	BẢN ĐỒ
DÂY THỪNG	NÚI
THIẾT BỊ	THIÊN NHIÊN
RỪNG	LỀU

10 - Emoções

R	T	Y	N	D	D	N	K	D	U	T	N	L	M
O	R	I	Ê	Ị	C	B	N	P	R	V	Ỗ	Ặ	K
Y	I	Q	I	U	O	Ả	C	R	O	P	I	N	G
M	Â	V	Y	D	N	T	M	H	I	T	B	G	X
H	N	B	K	À	H	L	G	T	Á	I	U	G	Ấ
À	Q	L	Ò	N	G	T	Ố	T	H	N	Ồ	K	U
I	V	I	A	G	Q	H	C	V	Ò	Ô	N	D	H
L	G	S	N	Ỗ	I	S	Ợ	D	A	R	N	Ả	Ổ
Ò	U	S	B	Q	K	V	Q	T	B	Y	I	G	N
N	Ộ	I	D	U	N	G	Y	N	Ì	N	Ề	V	Y
G	N	V	S	Ự	P	H	Ẫ	N	N	Ộ	M	M	N
Y	Ê	N	B	Ì	N	H	N	G	H	T	V	T	C
B	Ị	K	Í	C	H	T	H	Í	C	H	U	Q	I
A	C	I	H	U	L	U	T	H	Ư	G	I	Ã	N

NIỀM VUI

YÊU

BỊ KÍCH THÍCH

BLISS

LÒNG TỐT

LẶNG

NỘI DUNG

XẤU HỔ

TRI ÂN

NỖI SỢ

HÒA BÌNH

SỰ PHẪN NỘ

THƯ GIÃN

HÀI LÒNG

CẢM THÔNG

DỊU DÀNG

CHÁN NẢN

YÊN BÌNH

NỖI BUỒN

11 - Ficção Científica

```
L O H N G U Y Ê N T Ử O A T
B K C I Ổ T N D G H V R Q Ư
U Í T H Ế G I Ớ I Ự Q A H Ơ
N Y Ẫ O H V K I D C Ự C D N
L H À N H T I N H T C L B G
X A X Ô I U U T K Ế Ô E Ử L
N H Á I S Y T H I Ê N H À A
A L D H Á Ẽ O Y V C G R D I
N M L G C T P L T O N U V G
M Y K B H V I Ê Ả O G I Á C
K L N L C Ờ A O A U H C V R
T I U H Y I L V I D Ệ D M M
T Ử Ở N G T Ư Ợ N G A C L N
D Y S T O P I A O K A V C Y
```

NGUYÊN TỬ
NHÁI
XA XÔI
DYSTOPIA
NỔ
CỰC
TUYỆT VỜI
LỬA
TƯƠNG LAI
THIÊN HÀ

ẢO GIÁC
TƯỞNG TƯỢNG
SÁCH
BÍ ẨN
THẾ GIỚI
ORACLE
HÀNH TINH
THỰC TẾ
CÔNG NGHỆ
UTOPIA

12 - Mitologia

```
R Q A I R O T H Ả M H Ọ A P
R M N M L K C M À T Q S M N
S U H C Q K Ó H Ê N G É G Q
Á T H H P A C T T C H T D N
N V Ù S I N H V Ậ T U V N Ữ
G Ă N K Ự N Ế D R K S N I A
T N G A D B T P B L Ứ G G N
Ạ H S Ấ M C Ấ N H O C V G H
O O L N V V G T G P M G N H
Q Á T R Ả T H Ù T M Ạ H R Ù
N G U Y Ê N M Ã U Ử N E G N
H U Y Ề N D I Ễ U H H N C G
G V T R U Y Ề N T H U Y Ế T
Q U Á I V Ậ T K Q Y N Q B B
```

NGUYÊN MẪU
GHEN
HÀNH VI
SÁNG TẠO
SINH VẬT
VĂN HOÁ
THẢM HỌA
SỨC MẠNH
NỮ ANH HÙNG
ANH HÙNG

SỰ BẤT TỬ
MÊ CUNG
TRUYỀN THUYẾT
HUYỀN DIỆU
QUÁI VẬT
CÓ CHẾT
SÉT
SẤM
TRẢ THÙ

13 - Medições

```
C H I Ề U R Ộ N G I G L B K
H Y P H Ú T D C M U Y G B H
I T A M Đ U R Q V N P R M Ố
Ề K T D O Ộ B Y T T B A É I
U T Q H C C S U O C O M T L
D B Q G Ậ O G Â V U C H M Ư
À Q C U M P P O U N C E Q Ợ
I U M H L T P Y D A L Í T N
K I L Ô M É T H L U G V R G
C E N T I M E T Â L R V Ì B
H K L C Q M T V Y N N A N B
V N A T H D O C B Y T E H B
N O K I L Ô G A M V Y D Đ G
T Ấ N C Â N N Ặ N G I I Ộ B
```

BYTE
CENTIMET
CHIỀU DÀI
THẬP PHÂN
GRAM
TRÌNH ĐỘ
CHIỀU RỘNG
LÍT
KHỐI LƯỢNG

MÉT
PHÚT
OUNCE
CÂN NẶNG
INCH
ĐỘ SÂU
KILÔGAM
KILÔMÉT
TẤN

14 - Plantas

```
T  H  Ự  C  V  Ậ  T  H  Ọ  C  T  C  M  A
R  N  N  O  N  D  C  O  R  Y  H  Q  Ặ  Y
T  Ê  G  Y  D  V  M  Â  Q  H  Ự  T  T  O
H  B  U  H  Ạ  T  Đ  Ậ  U  C  C  Q  T  H
R  K  Ồ  D  P  L  B  P  Ả  Y  V  K  R  B
R  R  N  X  P  Q  C  U  M  Y  Ậ  L  Ờ  Ụ
L  M  G  Q  Ư  P  B  R  Ọ  B  T  Á  I  I
G  H  Ố  Q  C  Ơ  H  L  N  R  Ừ  N  G  C
M  I  C  Â  Y  I  N  H  G  A  T  L  L  Â
C  H  R  D  N  V  O  G  V  Ư  Ờ  N  Q  Y
L  Ỏ  K  M  D  Y  R  B  R  U  T  M  R  C
P  H  Â  N  B  Ó  N  T  C  Ồ  H  A  T  K
A  L  F  L  O  R  A  I  A  G  N  T  R  Q
C  Á  N  H  H  O  A  R  O  A  V  G  E  Y
```

BỤI CÂY	RỪNG
CÂY	LÁ
QUẢ MỌNG	CỎ
TRE	IVY
THỰC VẬT HỌC	VƯỜN
XƯƠNG RỒNG	RÊU
HẠT ĐẬU	CÁNH HOA
PHÂN BÓN	NGUỒN GỐC
HOA	MẶT TRỜI
FLORA	THỰC VẬT

15 - Veículos

X	X	X	E	Đ	I	Ễ	N	N	G	Ầ	M	I	R
E	E	E	X	X	Ộ	A	R	L	U	C	Á	B	N
Đ	B	H	E	E	C	N	U	Ố	G	Y	Y	V	È
Ạ	U	Ơ	C	T	A	X	G	P	I	P	B	V	O
P	Ý	I	Ứ	A	R	P	E	C	O	D	A	V	V
M	T	H	U	Y	A	H	I	T	Ơ	L	Y	B	K
O	Ê	A	T	G	V	À	I	À	Ắ	K	M	B	I
V	N	R	H	A	A	D	G	U	C	C	L	C	K
V	L	T	Ư	Y	N	C	C	N	K	L	X	R	Y
A	Ử	D	Ơ	U	C	G	H	G	K	V	H	I	B
N	A	T	N	Y	K	K	D	Ằ	X	E	T	Ả	I
H	Y	N	G	T	P	K	P	M	P	D	T	M	O
N	T	N	R	N	T	H	U	Y	Ề	N	P	L	P
L	Y	H	K	R	O	A	D	M	Á	Y	K	É	O

XE CỨU THƯƠNG
MÁY BAY
PHÀ
THUYỀN
XE ĐẠP
XE TẢI
CARAVAN
XE HƠI
TÊN LỬA
VAN

BÈ
XE TAY GA
XE ĐIỆN NGẦM
ĐỘNG CƠ
XE BUÝT
LỐP
TÀU NGẦM
XE TẮC XI
MÁY KÉO

16 - Restaurante # 2

Đ	Ồ	U	Ố	N	G	B	Ữ	A	T	Ố	I	P	G
G	I	A	V	Ị	R	K	O	N	P	C	Á	H	S
G	V	A	B	Ă	N	G	T	M	Ì	A	S	Ụ	Ú
T	H	C	Á	I	N	Ĩ	A	Ó	D	T	A	C	P
T	R	Ế	N	Ư	Ớ	C	Q	N	R	A	L	V	T
I	Y	Á	H	L	A	B	M	K	G	U	A	Ụ	R
M	U	Ố	I	B	G	R	H	H	C	O	D	N	T
R	G	R	T	C	O	R	I	A	R	Q	N	A	D
A	C	G	R	D	Â	B	C	I	R	A	N	M	I
U	D	O	O	K	R	Y	U	V	O	Q	B	I	V
C	Á	I	T	H	Ì	A	G	Ị	A	P	L	U	D
H	P	H	R	B	K	N	B	Ữ	A	T	R	Ư	A
M	U	C	U	A	O	C	R	G	U	K	H	T	Y
B	U	M	K	B	K	T	O	R	U	O	N	U	R

BỮA TRƯA
MÓN KHAI VỊ
NƯỚC
ĐỒ UỐNG
BÁNH
GHẾ
CÁI THÌA
NGON
GIA VỊ
TRÁI CÂY

PHỤC VỤ NAM
CÁI NĨA
BĂNG
BỮA TỐI
RAU
MÌ
CÁ
MUỐI
SALAD
SÚP

17 - Países #2

```
A  T  P  H  D  S  P  S  U  G  A  N  D  A
L  À  O  O  N  O  A  Y  M  V  R  V  N  H
B  I  B  C  T  M  K  R  P  O  G  M  N  H
A  Y  T  C  U  A  I  I  A  H  H  B  I  M
N  U  T  H  O  L  S  A  D  V  Á  U  G  E
I  U  N  H  N  I  T  A  R  O  P  P  E  X
A  Y  K  N  E  A  A  H  U  M  N  P  R  I
L  N  C  R  P  Q  N  Q  H  P  V  H  I  C
V  I  Q  Đ  A  N  M  Ạ  C  H  H  K  A  O
H  A  K  R  L  I  L  E  B  A  N  O  N  H
K  Y  I  R  Y  K  N  H  Ậ  T  B  Ả  N  A
G  C  L  I  R  E  L  A  N  D  B  N  K  I
O  B  O  Ạ  I  N  D  O  N  E  S  I  A  T
N  G  A  B  P  J  A  M  A  I  C  A  G  I
```

ALBANIA
ĐAN MẠCH
PHÁP
HY LẠP
HAITI
INDONESIA
IRELAND
JAMAICA
NHẬT BẢN
LÀO

LEBANON
MEXICO
NEPAL
NIGERIA
PAKISTAN
NGA
SYRIA
SOMALIA
UKRAINA
UGANDA

18 - Cozinha

```
U  D  L  O  C  A  G  N  N  D  U  G  K  A
H  U  C  L  M  Đ  C  D  Ư  I  O  I  A  Y
R  M  N  D  H  T  Ũ  P  Ớ  P  V  A  Q  U
F  O  R  K  S  Ử  K  A  N  T  G  V  K  O
Y  M  D  H  C  L  N  R  G  U  Ạ  Ị  D  I
M  T  P  Ă  R  Ạ  L  B  B  H  R  P  U  B
A  H  C  N  D  N  C  O  O  N  C  Y  D  Q
U  Ì  G  Ă  U  H  C  Ô  A  Ấ  M  U  A  Ề
R  A  Y  N  L  Y  Q  T  N  Y  R  R  O  L
B  Ọ  T  B  I  Ể  N  P  P  G  P  V  N  T
Ì  Y  Y  N  Q  U  L  B  D  N  T  G  L  O
N  B  Á  T  P  K  Ò  V  G  N  D  H  V  V
H  O  M  D  H  G  L  C  I  L  P  N  Ứ  G
V  O  D  O  V  O  V  B  O  A  G  L  M  C
```

TẠP DỀ	FORKS
ẤM	TỦ LẠNH
THÌA	NƯỚNG
LY	KHĂN ĂN
GIA VỊ	BÌNH
BỌT BIỂN	ĐŨA
DAO	CÔNG THỨC
LÒ	BÁT

19 - Brinquedos

```
Y  L  G  Q  R  D  Q  P  N  P  B  L  Y  K
Ê  S  Á  C  H  Q  M  Y  N  H  T  Y  B  Đ
U  P  Ơ  N  B  T  Y  Y  X  E  H  Ơ  I  Ấ
T  R  Ố  N  G  Ú  G  R  X  E  T  Ả  I  T
H  C  K  N  G  A  P  O  P  D  Đ  T  D  S
Í  M  Á  Y  B  A  Y  B  B  I  Ồ  Ạ  H  É
C  C  K  A  K  R  V  O  Ê  Ề  T  T  P  T
H  Ờ  D  Y  G  Y  I  T  O  U  H  R  C  U
A  V  T  V  R  K  D  H  P  I  Ủ  Ò  A  B
U  U  L  B  I  P  O  M  N  B  C  C  V  Y
L  A  N  V  K  O  T  C  P  Ó  Ô  H  H  K
N  H  Q  R  T  H  U  Y  Ề  N  N  Ơ  T  N
I  L  Q  B  T  O  H  A  P  G  G  I  Y  H
I  R  A  O  P  L  V  T  Y  Q  Y  R  V  B
```

ĐẤT SÉT	XE HƠI
ĐỒ THỦ CÔNG	YÊU THÍCH
MÁY BAY	TRÒ CHƠI
THUYỀN	SÁCH
TRỐNG	DIỀU
XE ĐẠP	ROBOT
BÓNG	SƠN
BÚP BÊ	CỜ VUA
XE TẢI	

20 - Verão

U	A	K	B	R	H	N	R	D	Q	H	A	Q	B
Â	M	N	H	Ạ	C	V	V	C	M	N	N	H	Ã
T	L	V	Ư	Ờ	N	H	À	O	O	O	B	G	I
B	D	L	B	B	I	T	R	Ò	C	H	Ơ	I	B
Q	Ạ	C	Y	I	Ề	D	U	L	Ị	C	H	A	I
C	M	N	C	Ể	M	K	R	I	T	L	T	Đ	Ể
C	L	M	B	N	V	G	R	K	H	H	G	Ì	N
M	Ắ	P	I	È	U	Y	I	L	Ư	Q	D	N	P
T	G	M	P	D	I	I	V	Ả	G	B	É	H	C
K	L	D	T	L	T	K	V	M	I	O	P	P	Y
K	H	M	D	R	C	V	H	P	Ã	T	M	P	G
S	Á	C	H	A	Ạ	L	Ặ	N	N	C	R	C	O
A	N	O	R	B	Q	I	A	Q	P	N	L	Í	V
O	A	Y	B	D	U	M	O	D	K	A	A	I	U

CẮM TRẠI

NIỀM VUI

BẠN BÈ

NHÀ

SAO

GIA ĐÌNH

VƯỜN

TRÒ CHƠI

GIẢI TRÍ

SÁCH

BIỂN

LẶN

ÂM NHẠC

BÃI BIỂN

THƯ GIÃN

DÉP

DU LỊCH

21 - Material de Arte

```
B  T  K  A  N  Đ  M  M  K  K  B  Y  Y  K
O  H  C  C  K  Ấ  Y  À  A  P  U  U  M  K
P  A  K  R  B  T  Ẩ  Y  U  P  G  I  K  G
A  N  A  Y  À  S  Ơ  N  K  N  Y  M  T  Q
S  E  G  L  N  É  U  R  A  Ư  Ư  P  Ự  M
T  A  H  I  B  T  C  I  M  Ớ  B  Ớ  A  C
E  S  Ế  C  Ấ  R  D  Ầ  U  C  T  I  C  S
L  E  T  O  Y  Y  M  Á  Y  Ả  N  H  R  Á
S  L  B  B  À  N  C  H  Ả  I  C  N  U  N
C  Q  P  C  D  A  G  B  G  H  A  K  K  G
Y  B  H  I  T  G  O  Q  A  L  K  T  Q  T
M  N  P  T  N  P  D  Q  O  P  Q  O  Y  Ạ
B  Ú  T  C  H  Ì  I  G  L  K  A  U  V  O
K  E  O  M  À  U  S  Ắ  C  Y  G  R  P  Q
```

ACRYLIC	MÀU SẮC
TẨY	SÁNG TẠO
MÀU NƯỚC	BÀN CHẢI
ĐẤT SÉT	BÚT CHÌ
NƯỚC	BÀN
GHẾ	DẦU
THAN	GIẤY
EASEL	PASTELS
MÁY ẢNH	MỰC
KEO	SƠN

22 - Números

```
S  H  M  Ư  Ờ  I  H  A  I  H  H  V  K  U
Á  A  Ư  R  B  H  T  H  Ậ  P  P  H  Â  N
U  N  Ờ  R  B  S  P  Á  C  P  H  A  U  A
A  V  I  C  M  Ố  D  O  M  I  A  I  V  L
M  C  B  H  Ộ  K  N  M  Ư  Ờ  I  T  Á  M
Ư  Ư  A  Í  T  H  Ă  Ư  Ờ  V  M  B  Y  Ư
Ờ  Q  Ờ  N  G  Ô  M  Ờ  I  K  Ư  D  U  Ờ
I  O  G  I  K  N  H  I  B  G  Ơ  T  C  I
L  D  C  U  S  G  A  Q  Ả  N  I  Q  L  B
Ă  H  M  T  T  Á  V  O  Y  N  U  R  M  Ố
M  C  P  A  P  R  U  I  K  I  P  D  O  N
R  U  U  L  C  H  D  Y  A  B  A  B  Ả  Y
L  T  L  O  P  V  T  M  N  I  P  L  O  L
Q  G  K  P  P  O  C  U  M  N  V  L  A  U
```

NĂM	MƯỜI BỐN
THẬP PHÂN	BỐN
MƯỜI	MƯỜI LĂM
MƯỜI SÁU	SÁU
MƯỜI BẢY	BẢY
MƯỜI TÁM	MƯỜI BA
HAI	BA
MƯỜI HAI	MỘT
CHÍN	HAI MƯƠI
TÁM	SỐ KHÔNG

23 - Ferramentas

```
M  D  G  T  P  G  H  B  D  D  A  O  M  V
V  K  A  N  G  Ọ  N  Đ  U  Ố  C  D  Y  A
P  N  B  O  H  Y  C  G  M  A  U  C  H  V
N  I  R  D  C  R  Á  P  Q  N  Y  Y  I  G
K  Ì  M  P  Q  Ạ  P  D  C  T  R  C  L  A
E  D  A  Q  X  T  O  Â  I  T  Ì  G  N  G
O  Q  R  U  Ẻ  U  N  Y  I  K  U  C  Q  P
G  B  V  D  N  B  Y  T  V  T  H  A  N  G
Q  B  Á  K  G  T  Q  H  Í  Q  N  B  K  Y
I  C  D  N  G  M  Q  Ừ  T  V  N  Ú  B  D
G  K  V  M  H  P  H  N  I  K  Q  A  N  I
I  N  Q  Ồ  O  X  H  G  I  Ấ  Y  T  B  L
O  G  G  D  Y  L  E  T  Y  L  G  Q  Q  G
H  Y  Q  K  R  V  K  É  O  A  I  B  I  H
```

KÌM
CÁP
KEO
DÂY THỪNG
THANG
DAO
GIẤY
RÌU

VỎ
BÚA
DAO CẠO
VÍT
XẺNG
BÁNH XE
KÉO
NGỌN ĐUỐC

24 - Especiarias

```
C  À  R  I  C  T  G  M  T  H  A  N  O  O
A  M  R  U  H  Â  M  H  Ư  Ơ  N  G  V  Ị
M  K  Đ  Ắ  N  G  Y  L  K  T  L  H  K  T
T  U  T  H  G  Ừ  D  T  N  T  N  Ệ  Q  H
H  P  Ố  B  Ọ  N  P  H  H  G  Q  T  O  Ì
Ả  Q  V  I  T  G  N  Ả  Ụ  Ì  A  Â  H  L
O  T  I  Ê  U  V  O  O  C  T  L  Y  À  À
A  I  C  U  O  D  I  Q  Đ  Ỏ  K  À  N  I
D  V  N  K  I  O  C  U  Ậ  I  O  H  H  K
R  A  U  M  Ù  I  R  Ả  U  Q  U  Ế  O  N
N  N  T  O  N  P  R  C  K  U  C  I  N  L
H  I  R  C  G  N  V  Q  H  Q  B  H  L  K
O  U  R  A  P  A  Y  V  Ấ  B  I  U  U  Y
C  Â  Y  H  Ồ  I  V  C  U  N  M  N  M  A
```

NGHỆ TÂY	HÀNH
CAM THẢO	RAU MÙI
TỎI	CÂY THÌ LÀ
ĐẮNG	NGỌT
CÂY HỒI	THÌ LÀ
CHUA	GỪNG
VANI	NHỤC ĐẬU KHẤU
QUẾ	TIÊU
THẢO QUẢ	HƯƠNG VỊ
CÀ RI	MUỐI

25 - Aniversário

```
C R C Y T V L Y I L N L M O
D Y K N M U G M N G T Ễ H T
L H A L A I V V M U R Ă B Q
V Ị O T T V L I U B Ạ N B È
K B C T A Ẻ A H R M N M R K
S Ự K H Ô N N G O A N Ừ R Q
P T R Ờ N P Q U À T Ặ N G C
H O P I H A A B O H R G Q Y
T G O G L N N Ă M Ẻ B Ẻ B V
C C G I D B G Đ Ặ C B I Ệ T
G I R A N Á P À L Ờ I M Ờ I
T R P N Ế N A N Y P G A V R
L K Y H O H B À I H Á T Q I
I O N R B C T K O Y L U A V
```

BẠN BÈ
NĂM
BÁNH
LỊCH
BÀI HÁT
THẺ
LỄ ĂN MỪNG
LỜI MỜI

NGÀY
QUÀ TẶNG
ĐẶC BIỆT
VUI VẺ
TRẺ
SỰ KHÔN NGOAN
THỜI GIAN
NẾN

26 - Casa

```
C H Ì A K H Ó A T V H Q C Q
Q U N P H T N I L C Q U H U
N H P G B T A Ḱ Ò Ử Ử R Ổ R
H A V C C V O P S A Q A I Đ
À G Á C X É P K Ư S P N O Ồ
B A L V K I R C Ở Ổ C K H N
Ế R K T R M K T I T V A À Ộ
P A H T V Ò I H O A S E N I
Y H C Ư Ò Ư T Ả L V N R G T
M C Ò Ờ I P Ờ M G Y C È R H
G Y T N M K M N C D C M À Ấ
B K G G G Ư Ơ N G Y Y C O T
B N Y D T H Ư V I Ễ N Ử I I
T R Ầ N H Y V U O I O A I T
```

THƯ VIỆN
HÀNG RÀO
CHÌA KHÓA
VÒI HOA SEN
RÈM CỬA
NHÀ BẾP
GƯƠNG
GA-RA
CỬA SỔ
VƯỜN

LÒ SƯỞI
ĐỒ NỘI THẤT
TƯỜNG
CỬA
PHÒNG
GÁC XÉP
THẢM
TRẦN
VÒI
CHỔI

27 - Vegetais

```
H  A  V  I  V  R  C  M  A  M  Q  P  N  K
K  À  R  K  L  V  H  L  U  Ù  U  V  Q  H
G  Ừ  N  G  M  Đ  R  I  O  I  Ả  U  V  O
D  L  A  H  R  Ậ  N  Ấ  M  T  B  H  S  A
D  Ư  A  C  H  U  Ộ  T  I  Â  Í  N  A  I
C  K  D  À  S  Ú  P  L  Ơ  Y  N  N  L  T
À  A  Q  C  B  C  L  M  R  P  G  G  A  Â
T  D  A  H  C  À  R  L  O  C  Ô  A  D  Y
Í  I  V  U  Ử  R  I  A  C  Ầ  N  T  Â  Y
M  Q  T  A  C  Ố  C  D  U  R  N  I  C  R
O  D  U  Ở  Ả  T  L  Q  I  B  T  S  Ủ  O
N  H  Y  R  I  N  B  P  Y  V  I  Ô  H  Y
B  Ô  N  G  C  Ả  I  X  A  N  H  N  Ẹ  U
N  C  B  Q  L  M  R  D  V  I  Y  D  A  R
```

QUẢ BÍ NGÔ	NẤM
CẦN TÂY	SÚP LƠ
ATISÔ	ĐẬU
TỎI	RAU BINA
KHOAI TÂY	GỪNG
CÀ TÍM	CỦ CẢI
BÔNG CẢI XANH	DƯA CHUỘT
HÀNH	SALAD
CÀ RỐT	MÙI TÂY
CỦ HẸ	CÀ CHUA

28 - Balé

```
I  N  Â  M  N  H  Ạ  C  V  Ũ  C  Ô  N  G
P  G  H  C  U  Y  Q  Ử  B  U  H  G  L  D
B  H  V  Ư  D  Q  G  C  C  T  O  C  I  À
A  Ễ  O  Ờ  T  H  U  H  Y  Y  R  M  V  N
N  T  K  N  B  Q  K  Ỉ  O  H  E  R  O  N
B  H  K  G  G  P  K  M  B  V  O  P  M  H
A  U  Ỹ  Đ  T  C  K  H  Á  N  G  I  Ả  Ạ
L  Ậ  N  Ộ  M  Ơ  Á  I  V  A  R  C  B  C
L  T  Ă  K  R  B  P  C  O  K  A  V  P  O
E  V  N  U  T  Ắ  M  U  H  H  P  U  L  G
R  K  G  D  Ậ  P  N  H  Ị  P  H  U  N  R
I  L  Y  D  P  N  G  L  I  V  Y  K  D  A
N  H  À  S  O  Ạ  N  N  H  Ạ  C  P  A  G
A  K  Ỹ  T  H  U  Ậ  T  V  V  H  K  A  G
```

NGHỆ THUẬT
BALLERINA
NHÀ SOẠN NHẠC
CHOREOGRAPHY
VŨ CÔNG
PHONG CÁCH
CỬ CHỈ
KỸ NĂNG

CƯỜNG ĐỘ
CƠ BẮP
ÂM NHẠC
DÀN NHẠC
TẬP
KHÁN GIẢ
NHỊP
KỸ THUẬT

29 - Conservação

```
V  M  S  Ứ  C  K  H  Ỏ  E  C  Q  Q  R  N
P  Ô  H  G  Ô  N  H  I  Ễ  M  Y  H  Y  A
B  I  Q  A  I  A  O  T  H  Q  I  I  T  B
H  T  B  U  T  Ả  Q  T  P  B  N  R  H  H
Ữ  R  M  Ề  Ự  B  M  I  N  O  H  D  U  Ễ
U  Ư  A  L  N  K  H  Í  H  Ậ  U  U  Ố  S
C  Ờ  H  O  H  V  G  I  Á  O  D  Ụ  C  I
Ơ  N  B  D  I  T  Ữ  P  B  V  A  O  T  N
H  G  I  C  Ê  B  O  N  N  U  I  H  R  H
C  M  T  P  N  K  B  G  G  M  U  P  Ừ  T
A  T  Ì  N  H  N  G  U  Y  Ễ  N  H  S  H
G  K  K  Y  Ư  T  Á  I  C  H  Ế  M  Â  Á
X  E  Đ  Ạ  P  Ớ  D  Q  R  O  I  C  U  I
Y  O  M  P  R  B  C  O  Y  I  X  A  N  H
```

MÔI TRƯỜNG	THUỐC TRỪ SÂU
NƯỚC	Ô NHIỄM
XE ĐẠP	TÁI CHẾ
KHÍ HẬU	GIẢM
HỆ SINH THÁI	SỨC KHỎE
GIÁO DỤC	BỀN VỮNG
TỰ NHIÊN	XANH
HỮU CƠ	TÌNH NGUYỆN

30 - Adjetivos #1

```
Q  N  G  H  I  Ê  M  T  R  Ọ  N  G  C  I
U  U  D  O  L  R  P  Y  V  G  Y  V  Q  A
A  K  U  À  O  A  G  K  N  I  P  M  A  G
N  N  T  N  D  R  G  Ỳ  H  Ấ  P  D  Ẫ  N
T  Ố  I  H  O  Y  C  L  I  Ổ  Q  U  Ý  M
R  H  L  Ả  C  O  B  Ạ  B  Q  N  K  D  Ỏ
Ọ  R  Ơ  O  N  Ặ  N  G  H  Í  V  G  B  N
N  O  Q  M  C  H  M  R  I  G  Ẩ  N  L  G
G  R  Ộ  N  G  L  Ư  Ợ  N  G  O  N  I  Ồ
T  R  U  N  G  T  H  Ự  C  H  Ậ  M  T  D
U  I  G  T  U  Y  Ệ  T  Đ  Ố  I  T  K  R
N  G  H  Ệ  T  H  U  Ậ  T  T  Q  C  K  L
H  I  Ệ  N  Đ  Ạ  I  T  N  K  R  A  B  Ớ
Đ  Ầ  Y  T  H  A  M  V  Ọ  N  G  R  O  N
```

TUYỆT ĐỐI	LỚN
ĐẦY THAM VỌNG	TRUNG THỰC
THƠM	QUAN TRỌNG
NGHỆ THUẬT	CHẬM
HẤP DẪN	BÍ ẨN
KHỔNG LỒ	HIỆN ĐẠI
TỐI	HOÀN HẢO
KỲ LẠ	NẶNG
MỎNG	NGHIÊM TRỌNG
RỘNG LƯỢNG	QUÝ

31 - Insetos

```
A  T  B  Ọ  C  Á  N  H  C  Ứ  N  G  K  M
H  U  G  N  B  K  G  K  O  N  G  Y  R  Ổ
P  G  R  U  C  D  P  B  N  M  O  K  K  I
V  L  B  I  P  Q  N  A  V  U  H  I  G  L
G  B  L  D  M  I  R  M  E  Ỗ  R  Y  H  Y
C  L  A  D  Y  B  U  G  S  I  Q  Ệ  P  V
O  H  S  P  L  Ư  B  K  Ầ  T  H  B  P  L
N  H  Â  Ấ  I  Ớ  P  Ư  U  U  B  P  U  H
O  L  U  U  P  M  Q  V  Ớ  U  N  A  L  B
N  Q  K  T  C  G  B  N  V  M  V  B  D  Ọ
G  V  C  R  O  H  K  I  Ế  N  Đ  U  C  C
P  R  K  Ù  H  G  Ấ  G  I  Á  N  Ê  C  H
D  G  L  N  V  A  C  U  G  T  Q  M  M  É
C  I  H  G  B  Ọ  N  G  Ự  A  Q  K  V  T
```

CON ONG   ẤU TRÙNG
GIÁN   BỌ NGỰA
BỌ CÁNH CỨNG   BƯỚM ĐÊM
BƯỚM   SÂU
CON VE SẦU   MUỖI
MỐI   BỌ CHÉT
KIẾN   RỆP
CHÂU CHẤU   ONG
LADYBUG

32 - Paisagens

```
D  A  A  T  D  M  I  D  D  K  N  Ú  I  O
Q  D  V  H  K  U  A  B  S  V  Y  H  R  A
H  N  Đ  Y  O  V  C  Ử  A  S  Ô  N  G  Y
Ố  C  Đ  Ả  O  V  C  L  M  Đ  Ồ  I  H  P
D  K  Q  I  O  Y  Ị  Ã  Ạ  S  Ô  N  G  G
B  Đ  Ầ  M  L  Ầ  Y  N  C  H  L  A  L  Q
K  Ã  Q  G  L  Y  A  H  H  N  Y  O  O  H
K  D  I  T  H  Á  C  N  Ư  Ớ  C  I  B  A
H  O  V  B  S  Ô  N  G  B  Ă  N  G  Á  N
I  M  T  A  I  G  H  U  B  I  Ể  N  N  G
T  H  T  O  H  Ể  L  Y  U  B  Q  O  Đ  M
N  Ú  I  L  Ử  A  N  Ê  R  C  O  Q  Ả  C
T  Đ  Ạ  I  D  Ư  Ơ  N  G  A  D  R  O  Q
T  H  U  N  G  L  Ũ  N  G  H  Ồ  D  G  D
```

THÁC NƯỚC	NÚI
HANG	ỐC ĐẢO
ĐỒI	ĐẠI DƯƠNG
SA MẠC	ĐẦM LẦY
CỬA SÔNG	BÁN ĐẢO
SÔNG BĂNG	BÃI BIỂN
VỊNH	SÔNG
ĐẢO	LÃNH NGUYÊN
HỒ	THUNG LŨNG
BIỂN	NÚI LỬA

33 - Dança

```
V  N  H  N  H  Ị  P  G  Y  H  O  T  Q  C
M  H  G  M  L  Đ  A  C  A  L  K  R  C  H
A  Ả  K  H  N  Ố  O  K  L  C  N  U  H  O
T  Y  C  R  Ễ  I  V  U  I  V  Ẻ  Y  V  R
R  D  Y  P  O  T  Ư  T  H  Ế  R  Ề  Ă  E
Ự  T  A  C  Q  Á  H  D  D  U  N  N  N  O
C  Ả  M  X  Ú  C  A  U  O  V  R  T  H  G
Q  A  R  Q  T  O  T  Y  Ậ  Q  A  H  Ó  R
U  N  V  Y  B  O  Y  B  Â  T  L  Ố  A  A
A  N  H  Ọ  C  V  I  Ễ  N  M  I  N  I  P
N  U  I  T  Ơ  Q  M  U  U  O  N  G  Q  H
Q  G  R  O  T  V  Ă  N  H  O  Á  H  Y  Y
M  V  M  P  H  O  N  G  T  R  À  O  Ạ  C
B  A  Y  O  Ể  C  Ổ  Đ  I  Ể  N  V  Q  C
```

HỌC VIỆN	ÂN
VUI VẺ	PHONG TRÀO
NGHỆ THUẬT	ÂM NHẠC
CỔ ĐIỂN	ĐỐI TÁC
CHOREOGRAPHY	TƯ THẾ
CƠ THỂ	NHỊP
VĂN HOÁ	NHẢY
VĂN HÓA	TRUYỀN THỐNG
CẢM XÚC	TRỰC QUAN

34 - Nutrição

```
V  L  R  U  A  P  C  A  L  O  O  C  U  C
I  N  Ê  Ă  P  R  Â  H  R  G  K  A  Q  Â
T  A  L  N  H  O  N  T  Ấ  I  N  Q  K  N
A  Y  N  Đ  M  T  N  H  B  T  V  G  N  B
M  N  N  Ư  L  E  Ă  À  B  K  L  D  O  Ằ
I  D  G  Ợ  N  I  N  N  G  C  Đ  Ỏ  Ă  N
N  V  N  C  T  N  G  H  R  H  Ộ  A  N  G
H  Ư  Ơ  N  G  V  Ị  P  N  Ấ  C  S  K  G
Đ  Ắ  N  G  G  G  L  H  Ư  T  T  Ứ  I  V
T  I  Ê  U  H  Ó  A  Ằ  Ớ  L  Ố  C  Ê  O
I  R  Q  N  Q  U  O  N  C  Ư  G  K  N  T
K  H  Ỏ  E  M  Ạ  N  H  X  Ợ  U  H  G  R
B  Y  V  P  O  P  K  R  Ố  N  V  Ỏ  K  C
L  D  N  K  P  H  N  G  T  G  L  E  U  O
```

ĐẮNG   NƯỚC XỐT
NGON   CÂN NẶNG
CALO   PROTEIN
ĂN ĐƯỢC   CHẤT LƯỢNG
ĂN KIÊNG   HƯƠNG VỊ
TIÊU HÓA   KHỎE MẠNH
CÂN BẰNG   SỨC KHỎE
LÊN MEN   ĐỘC TỐ
THÀNH PHẦN   VITAMIN
CHẤT LỎNG

35 - Disciplinas Científicas

```
T  H  Ự  C  V  Ậ  T  H  Ọ  C  T  H  S  Đ
K  H  Í  T  Ư  Ợ  N  G  H  Ọ  C  Ó  I  Ị
K  I  N  E  S  I  O  L  O  G  Y  A  N  A
T  T  Â  M  L  Ý  G  L  B  N  T  H  H  C
K  H  Ả  O  C  Ổ  H  Ọ  C  G  H  Ọ  L  H
H  S  I  N  H  H  Ọ  C  K  Ô  Ằ  C  Ý  Ấ
O  B  T  Ê  K  G  B  P  R  N  N  A  H  T
Á  C  B  D  N  R  M  V  C  N  K  A  Ọ  H
N  Ơ  K  B  I  V  B  M  P  G  I  P  C  Ọ
G  K  M  Y  G  K  Ă  L  I  Ữ  N  Y  M  C
V  H  Q  D  Y  S  I  N  H  T  H  Á  I  C
L  Í  C  D  M  H  X  Ã  H  Ộ  I  H  Ọ  C
M  I  Ễ  N  D  Ị  C  H  M  Ọ  O  T  G  A
G  I  Ả  I  P  H  Ẫ  U  H  Ọ  C  D  B  C
```

GIẢI PHẪU HỌC
KHẢO CỔ HỌC
THIÊN VĂN HỌC
SINH HỌC
THỰC VẬT HỌC
KINESIOLOGY
SINH THÁI
SINH LÝ HỌC
ĐỊA CHẤT HỌC

MIỄN DỊCH
NGÔN NGỮ
CƠ KHÍ
KHÍ TƯỢNG HỌC
KHOÁNG
THẦN KINH
TÂM LÝ
HÓA HỌC
XÃ HỘI HỌC

36 - Meditação

```
T  B  S  C  D  Y  Q  Y  L  A  V  I  O  L
Â  C  U  Ả  L  L  Y  U  M  Í  B  A  U  Ò
M  I  Y  M  P  P  Y  T  A  H  T  B  P  N
T  N  N  X  H  Ò  A  B  Ì  N  H  R  R  G
H  P  G  Ú  O  H  M  R  G  Y  S  M  Í  B
Ầ  D  H  C  N  Â  M  N  H  Ạ  C  Á  O  I
N  Ạ  Ĩ  U  G  Q  I  T  Ư  T  H  Ế  T  Ế
C  Y  H  B  T  P  L  Ò  N  G  T  Ố  T  T
Q  H  K  Q  R  Õ  R  À  N  G  M  Q  Q  Ơ
L  R  Ú  R  À  P  C  H  Ấ  P  N  H  Ậ  N
D  C  U  Ý  O  T  H  Ư  Ơ  N  G  H  Ạ  I
T  H  I  Ê  N  N  H  I  Ê  N  U  L  A  Q
Q  U  A  N  Đ  I  Ể  M  I  M  L  Ặ  N  G
T  H  Ó  I  Q  U  E  N  P  D  K  Q  V  T
```

CHẤP NHẬN

CHÚ Ý

LÒNG TỐT

RÕ RÀNG

THƯƠNG HẠI

CẢM XÚC

DẠY

LÒNG BIẾT ƠN

THÓI QUEN

TÂM THẦN

LÍ TRÍ

PHONG TRÀO

ÂM NHẠC

THIÊN NHIÊN

QUAN SÁT

HÒA BÌNH

SUY NGHĨ

QUAN ĐIỂM

TƯ THẾ

IM LẶNG

37 - Gatos

```
G  L  C  H  P  G  C  G  H  H  P  M  T  H
H  U  H  B  Q  G  Á  A  C  U  I  C  N  O
I  T  Đ  D  O  C  T  A  Đ  U  Ô  I  G  A
A  A  H  Ộ  L  G  Í  P  T  L  T  N  Ủ  N
T  O  V  A  C  I  N  O  H  U  O  I  T  G
C  H  U  Ộ  T  L  H  S  Ợ  I  U  T  T  D
M  C  I  L  H  N  Ậ  B  S  Đ  D  R  B  Ã
A  P  T  O  N  H  Q  P  Ă  G  I  G  U  T
H  M  Ư  I  D  Ú  L  M  N  U  D  Ê  Ồ  Ò
O  B  Ơ  I  O  T  R  B  R  C  H  Â  N  M
L  L  I  K  N  N  L  I  K  R  L  K  C  Ò
T  C  M  M  H  H  Y  P  G  A  K  B  Ư  Q
M  P  D  V  U  Á  N  Y  U  L  M  L  Ờ  R
N  I  L  A  V  T  D  U  Q  A  G  U  I  O
```

VUI TƯƠI   ĐỘC LẬP
THỢ SĂN   ĐIÊN
ĐUÔI   CHUỘT
TÒ MÒ   CHÂN
NGỦ   CÁ TÍNH
BUỒN CƯỜI   HOANG DÃ
SỢI   NHÚT NHÁT

38 - Artes Visuais

```
T  Đ  N  Đ  Ấ  T  S  É  T  A  P  V  G  N
C  Á  I  B  Ú  T  H  K  M  I  Q  H  I  G
K  K  Q  Ê  D  V  M  À  O  R  O  O  Ấ  H
I  I  R  Q  U  R  U  Q  N  I  D  C  Y  Ẽ
Ẽ  Ế  Q  B  U  K  B  A  G  H  O  G  N  S
T  N  I  Ú  Q  A  H  Y  B  D  P  T  Ế  Ĩ
T  T  Q  T  T  H  N  Ắ  L  K  H  H  N  L
Á  R  V  C  U  M  U  Đ  C  U  Ấ  C  Ầ  V
C  Ú  Ẽ  H  C  H  Đ  U  I  Q  N  N  C  N
T  C  B  Ì  O  U  Ồ  L  D  Ể  U  N  P  D
U  D  B  S  Á  N  G  T  Ạ  O  M  V  C  C
T  Q  R  Á  D  H  Ố  Ả  N  H  C  H  Ụ  P
M  P  R  P  H  I  M  Ả  N  H  B  R  R  N
B  Ứ  C  T  R  A  N  H  Q  O  B  I  D  L
```

ĐẤT SÉT
KIẾN TRÚC
NGHỆ SĨ
CÁI BÚT
VẼ
SÁP
ĐỒ GỐM
THÀNH PHẦN
SÁNG TẠO

ĐIÊU KHẮC
GIẤY NẾN
PHIM ẢNH
ẢNH CHỤP
PHẤN
BÚT CHÌ
KIỆT TÁC
QUAN ĐIỂM
BỨC TRANH

39 - Instrumentos Musicais

```
H A R M O N I C A Q Y S T Đ
Đ Ù I C H I Ê N G G Õ A R À
T P Q K Đ À N H Ạ C P X O N
L T D L K À P C A N I O M G
D P Ư T R Ố N G H C O P B H
I À Ơ A C R G V Y C I H O I
M A N D O L I N I Y L O N T
U U G N R A R L B Ô L N E A
R T C Y H M M U L A L E K A
U A Ẳ U S Ạ V L A N S Ô È N
C Q M N Á V C D V O N S N I
B K T Q O L Ụ C L Ạ C K K G
C L A R I N E T C E L L O R
U A K Y M D O M A R I M B A
```

MANDOLIN	LỤC LẠC
BASS	GÕ
ĐÙI	DƯƠNG CẦM
CLARINET	SAXOPHONE
DÀN NHẠC	TRỐNG
SÁO	TROMBONE
HARMONICA	KÈN
CHIÊNG	ĐÀN GHI TA
ĐÀN HẠC	ĐÀN VI Ô LÔNG
MARIMBA	CELLO

40 - Escola #1

```
A  L  O  P  C  R  O  L  N  K  V  C  B  L
G  L  A  C  G  T  O  P  U  Q  T  T  V  C
I  I  B  Ạ  N  B  È  Y  T  H  I  S  M  I
Ấ  P  Á  B  Ả  N  G  C  H  Ữ  C  Á  I  B
Y  C  R  O  K  Q  H  I  Ư  K  Â  C  U  À
R  R  G  G  V  O  Ế  T  V  I  U  H  H  N
R  C  I  Q  P  I  H  M  I  M  T  M  Q  G
B  Ú  T  C  H  Ì  Ê  Ô  Ẽ  B  R  Y  D  B
Ữ  T  H  Ư  M  Ụ  C  N  N  T  Ả  T  C  D
A  V  C  Y  N  B  G  T  M  Đ  L  B  P  B
T  A  L  K  P  B  O  O  N  Ố  Ờ  H  I  M
R  U  P  Q  O  U  B  Á  D  U  I  A  L  C
Ư  O  Y  C  K  T  T  N  G  B  Ú  T  S  Ố
A  V  G  L  T  T  V  K  C  D  P  N  B  K
```

BẢNG CHỮ CÁI   MÔN TOÁN
BỮA TRƯA   BÀN
BẠN BÈ   SỐ
THƯ VIỆN   GIẤY
GHẾ   THƯ MỤC
BÚT   GIÁO VIÊN
THI   ĐỐ
BÚT CHÌ   CÂU TRẢ LỜI
SÁCH

41 - Adjetivos #2

```
I  V  B  A  R  S  O  H  K  D  R  O  B  U
M  Ạ  N  H  U  Á  T  Ự  H  À  O  I  P  Q
Ô  R  Ổ  K  D  N  H  B  Ở  Y  M  Q  T  R
T  H  I  O  A  G  U  P  E  B  Q  R  Y  I
Ả  D  D  N  M  T  Ầ  Q  M  À  U  M  Ỡ  T
M  B  A  I  Ớ  Ạ  N  Q  Ạ  Ặ  M  B  M  H
D  N  N  Q  I  O  D  O  N  L  N  R  L  A
T  K  H  B  Ì  N  H  T  H  Ư  Ờ  N  G  N
T  Ự  N  H  I  Ê  N  N  H  P  M  K  G  H
H  O  A  N  G  D  Ã  M  Ó  Ú  N  H  L  L
T  H  Ậ  T  B  U  G  M  R  N  V  Ô  L  !
D  N  Ă  N  G  K  H  I  Ế  U  G  Ị  O  C
A  G  Y  L  B  O  A  M  V  L  M  N  O  H
M  D  N  C  C  C  I  U  I  Y  L  T  H  B
```

THẬT	BÌNH THƯỜNG
SÁNG TẠO	MỚI
MÔ TẢ	TỰ HÀO
NĂNG KHIẾU	MÀU MỠ
THANH LỊCH	THUẦN
NỔI DANH	NÓNG
MẠNH	MẶN
DÀY	KHỎE MẠNH
THÚ VỊ	KHÔ
TỰ NHIÊN	HOANG DÃ

42 - Roupas

```
N  L  T  V  Á  Y  H  G  G  Y  Y  I  Á  Y
B  P  H  T  Ò  Q  U  I  Á  R  V  V  O  I
U  V  Ắ  H  L  N  V  À  O  O  L  Q  L  Q
U  Ớ  T  Ờ  Ă  L  G  Y  I  U  S  H  E  R
R  B  L  I  N  B  A  C  D  É  P  Ơ  N  V
P  Á  Ư  T  Ạ  P  D  Ề  Ổ  O  T  A  M  P
A  O  N  R  V  Ò  N  G  T  A  Y  N  K  I
P  K  G  A  V  M  T  M  Ũ  O  M  B  D  G
K  H  Ă  N  Q  U  À  N  G  C  Ổ  N  L  N
I  O  G  G  Ă  N  G  T  A  Y  B  I  V  K
R  Á  O  C  Á  N  H  I  P  A  J  A  M  A
U  C  M  N  Q  U  Ầ  N  J  E  A  N  C  B
Q  U  Ầ  N  D  B  U  C  D  D  D  P  T  T
M  G  K  M  N  M  V  N  U  O  L  N  V  R
```

TẠP DỀ	GĂNG TAY
ÁO CÁNH	VỚ
QUẦN	THỜI TRANG
ÁO SƠ MI	PAJAMA
MŨ	VÒNG TAY
THẮT LƯNG	VÁY
VÒNG CỔ	DÉP
ÁO KHOÁC	GIÀY
QUẦN JEAN	ÁO LEN
KHĂN QUÀNG CỔ	ĂN

43 - Herbalismo

```
G  B  I  C  C  T  H  Ự  C  V  Ậ  T  X  H
L  I  N  H  B  H  N  O  K  G  D  D  A  O
I  O  Ấ  N  O  À  D  N  Y  U  D  H  N  A
T  H  Ơ  M  G  N  O  V  N  H  Y  Ú  H  O
Ỏ  O  G  Ù  C  H  Ấ  T  L  Ư  Ợ  N  G  Ả
I  A  D  I  P  P  Ễ  M  L  U  R  G  H  I
M  O  G  T  K  H  O  T  V  G  B  Q  Ư  H
D  T  D  Â  O  Ầ  N  R  Â  L  T  U  Ơ  Ư
C  P  B  Y  U  N  K  K  E  Y  Y  Ế  N  Ơ
Ó  B  Q  R  B  O  L  C  A  G  Q  C  G  N
L  Á  K  I  N  H  G  I  Ớ  I  A  B  V  G
Ợ  A  B  M  I  R  P  U  V  Ư  Ờ  N  Ị  N
I  Y  G  D  R  O  S  E  M  A  R  Y  O  V
X  Ạ  H  Ư  Ơ  N  G  T  H  Ì  L  À  C  U
```

NGHỆ TÂY
ROSEMARY
TỎI
THƠM
CÓ LỢI
GIẤM
HOA
THÌ LÀ
THÀNH PHẦN
VƯỜN

HOA OẢI HƯƠNG
HÚNG QUẾ
LÁ KINH GIỚI
OREGANO
THỰC VẬT
CHẤT LƯỢNG
HƯƠNG VỊ
MÙI TÂY
XẠ HƯƠNG
XANH

44 - Frutas

```
B  C  N  M  A  D  B  P  C  D  U  L  G  G
C  L  M  Â  M  X  Ô  I  H  V  I  Ê  B  U
D  Ứ  A  V  N  M  T  V  O  Q  A  V  R  V
I  P  R  C  H  U  Ố  I  Đ  U  Đ  Ủ  O  V
B  C  C  U  K  K  A  P  A  H  C  A  M  Q
Q  T  Á  O  I  B  R  K  V  M  D  R  C  U
U  U  R  N  H  D  E  V  C  T  V  G  H  Ả
Ả  P  Ả  Á  Y  O  T  R  Á  I  B  Ơ  A  A
M  K  L  K  I  M  Đ  B  R  P  N  L  N  N
Ọ  D  M  C  I  X  À  N  Y  O  D  H  H  H
N  Ừ  C  K  T  W  O  Q  U  Ả  M  Ơ  Ì  Đ
G  A  N  B  I  N  I  À  C  V  N  G  N  À
A  V  K  M  U  B  H  L  I  U  B  N  H  O
M  N  L  C  Â  Y  X  U  Â  N  Đ  À  O  B
```

TRÁI BƠ
DỨA
BLACKBERRY
QUẢ MỌNG
CHUỐI
QUẢ ANH ĐÀO
DỪA
QUẢ MƠ
HÌNH
MÂM XÔI

QUẢ KIWI
CAM
CHANH
TÁO
ĐU ĐỦ
TRÁI XOÀI
CÂY XUÂN ĐÀO
LÊ
ĐÀO
NHO

45 - Corpo Humano

```
Q  Q  H  Đ  B  K  C  N  I  H  H  M  H  A
C  G  B  Ầ  D  H  Ẳ  V  G  N  À  L  D  A
H  P  Q  U  C  U  M  T  U  Ó  U  M  Q  P
G  D  Q  G  Q  Ỷ  Ắ  C  Ổ  C  N  B  G  U
M  Ũ  I  Ố  N  U  T  O  Q  H  I  T  P  K
Ắ  M  C  I  Y  T  R  Á  N  Â  R  A  A  C
T  I  T  G  T  A  Đ  V  K  N  H  I  I  Y
C  Ẹ  K  P  I  Y  Ầ  T  K  B  T  R  R  H
Á  N  P  N  T  G  U  I  M  O  T  O  L  U
M  G  L  V  A  B  D  M  U  V  O  P  A  R
C  Á  P  G  Y  B  B  K  I  A  A  O  I  Q
U  H  U  P  V  O  L  O  G  H  N  I  O  P
I  B  D  M  A  R  P  M  Q  T  T  V  I  U
V  A  I  A  V  C  G  V  T  B  O  B  P  Y
```

MIỆNG	MẮT
ĐẦU	VAI
ÓC	TAI
TIM	DA
KHUỶU TAY	CHÂN
NGÓN TAY	CỔ
ĐẦU GỐI	CẰM
HÀM	MÁU
TAY	TRÁN
MŨI	MẮT CÁ

46 - Restaurante #1

```
Y  N  Q  K  N  R  N  H  À  B  Ế  P  T  H
G  R  D  B  I  H  H  V  R  Á  M  N  L  P
T  H  Ị  T  H  Ự  C  Đ  Ơ  N  D  B  Đ  O
Đ  Ặ  T  P  H  Ò  N  G  T  H  Ị  D  Ĩ  H
A  K  H  Ă  N  Ă  N  À  H  M  Ứ  C  A  Y
C  B  Á  T  B  L  Ữ  V  À  Ì  N  R  R  O
N  À  A  K  G  V  P  G  N  I  G  D  L  U
V  Ư  P  V  R  H  H  A  H  D  Y  Q  D  T
A  M  Ớ  H  I  R  Ụ  B  P  L  G  O  Y  B
I  D  K  C  Ê  L  C  P  H  U  G  K  A  D
U  P  B  D  X  V  V  H  Ầ  I  L  G  G  P
D  Y  K  U  O  Ố  Ụ  R  N  T  K  Q  H  R
A  Y  O  A  T  D  T  N  G  K  I  T  Q  U
Q  V  L  A  B  G  U  A  L  A  B  P  H  T
```

DỊ ỨNG	THÀNH PHẦN
CÀ PHÊ	THỰC ĐƠN
THỊT	NƯỚC XỐT
NHÀ BẾP	BÁNH MÌ
DAO	CAY
GÀ	ĐĨA
NỮ PHỤC VỤ	ĐẶT PHÒNG
KHĂN ĂN	BÁT

47 - Caminhada

```
M  Ố  I  N  G  U  Y  H  I  Ể  M  N  O  N
S  Ự  Đ  Ị  N  H  H  Ư  Ớ  N  G  T  Ú  A
G  I  G  A  C  H  U  Ẩ  N  B  Ị  H  L  I
I  L  I  K  Ắ  U  V  G  U  V  V  Ờ  N  K
T  P  À  R  M  Ặ  T  T  R  Ờ  I  I  C  H
C  P  Y  H  T  N  I  K  L  G  I  T  A  Ư
Ô  A  Ố  I  R  Ư  B  K  O  Y  B  I  D  Ớ
N  Ặ  N  G  Ạ  Ớ  Ả  Q  L  A  G  Ế  U  N
G  D  G  K  I  C  N  V  I  P  U  T  D  G
V  Á  C  H  Đ  Á  Đ  Ộ  N  G  V  Ậ  T  D
I  O  N  Í  M  Á  Ồ  M  G  A  T  U  A  Ẫ
Ê  M  A  H  A  Y  T  R  Ễ  H  P  B  O  N
N  T  N  Ậ  L  Y  P  N  P  T  C  L  A  K
C  V  U  U  H  O  A  N  G  D  Ã  Q  P  T
```

CẮM TRẠI
ĐỘNG VẬT
NƯỚC
GIÀY ỐNG
MỆT
KHÍ HẬU
HƯỚNG DẪN
BẢN ĐỒ
NÚI
SỰ ĐỊNH HƯỚNG

CÔNG VIÊN
ĐÁ
VÁCH ĐÁ
MỐI NGUY HIỂM
NẶNG
CHUẨN BỊ
HOANG DÃ
MẶT TRỜI
THỜI TIẾT

48 - Água

```
G  K  Ê  N  H  V  A  Đ  Ộ  Ẩ  M  M  O  Q
I  D  D  Ư  Ơ  Ò  Đ  Ạ  I  D  Ư  Ơ  N  G
C  B  G  Ớ  I  I  H  H  T  A  K  B  G  G
G  U  V  C  N  H  Ồ  C  Ơ  N  B  Ã  O  N
Q  U  T  Đ  Ư  O  G  I  Ó  M  Ù  A  G  K
L  R  O  Á  Ớ  A  O  E  Y  Y  D  O  N  U
M  B  H  V  C  S  D  P  Y  Y  T  H  T  T
T  U  Y  Ế  T  E  Ô  T  N  S  Ó  N  G  I
Q  A  T  U  Ố  N  G  N  H  R  E  V  U  C
C  N  A  I  D  M  B  G  Ộ  Ử  D  R  C  G
B  A  Y  H  Ơ  I  O  A  Y  M  Y  K  N  Q
A  S  Ư  Ơ  N  G  G  I  Á  M  H  L  R  T
L  Ũ  L  Ụ  T  T  R  K  Q  O  C  D  Ợ  U
N  U  Y  G  N  Y  U  A  R  T  B  M  D  I
```

KÊNH   HỒ
MƯA   GIÓ MÙA
VÒI HOA SEN   TUYẾT
BAY HƠI   ĐẠI DƯƠNG
CƠN BÃO   SÓNG
SƯƠNG GIÁ   UỐNG
NƯỚC ĐÁ   SÔNG
GEYSER   ĐỘ ẨM
LŨ LỤT   HƠI NƯỚC
THỦY LỢI

49 - Sons

```
Ồ  T  R  V  L  C  Ò  I  R  Q  B  G  R  L
N  N  H  R  Y  Ộ  G  T  P  U  U  H  U  C
O  A  À  Ì  T  N  K  C  M  U  Ổ  H  N  T
N  Y  P  O  T  G  D  C  T  T  I  Q  G  I
Đ  I  Ễ  P  K  H  Ú  C  B  Y  H  K  Đ  Ế
N  G  K  N  T  Ư  Ầ  M  O  N  Ò  Q  Ộ  N
Y  C  I  D  V  Ở  V  M  Q  O  A  L  N  G
D  L  R  O  Ỗ  N  H  L  R  Ê  N  N  G  N
C  T  I  Ế  N  G  C  Ư  Ờ  I  H  H  M  Ó
Y  H  Y  S  I  R  E  N  S  C  Ạ  A  C  I
I  Q  U  O  P  O  U  V  Q  N  C  G  T  V
O  Y  K  Ô  O  T  H  O  C  H  I  G  O  U
I  T  I  Ế  N  G  D  Ộ  I  T  V  M  N  D
I  N  P  N  V  G  P  I  B  D  Y  U  H  D
```

CÒI
VỖ
BUỔI HÒA NHẠC
ĐIỆP KHÚC
TIẾNG DỘI
RÊN
CỘNG HƯỞNG
TIẾNG CƯỜI

ỒN ÀO
CHUÔNG
SIRENS
THÌ THẦM
HO
RUNG ĐỘNG
TIẾNG NÓI

50 - Ecologia

```
T  V  H  B  Q  P  N  K  Đ  M  G  D  Q  Q
H  B  K  O  I  Y  Ú  H  C  A  H  P  Y  A
Ự  L  O  À  I  Ể  I  Í  Ộ  R  D  H  B  R
C  N  D  T  L  H  N  H  N  S  G  Ạ  Ề  H
V  T  F  L  O  R  A  Ậ  G  H  G  N  N  G
Ậ  O  C  T  G  B  Q  U  Đ  G  O  H  V  G
T  P  R  O  Ự  O  G  U  Ồ  V  H  Á  Ữ  P
Đ  C  T  À  D  N  Q  U  N  H  B  N  N  H
Ộ  N  M  N  R  P  H  B  G  U  A  Q  G  B
N  H  U  C  Â  Y  P  I  L  K  A  T  B  Q
G  H  K  Ằ  B  N  L  T  Ê  T  A  D  O  G
V  T  L  U  N  S  Ự  S  Ố  N  G  C  Ò  N
Ậ  T  À  I  N  G  U  Y  Ê  N  M  C  O  M
T  H  I  Ê  N  N  H  I  Ê  N  U  R  M  C
```

KHÍ HẬU	TỰ NHIÊN
CỘNG ĐỒNG	THIÊN NHIÊN
ĐA DẠNG	MARSH
LOÀI	CÂY
ĐỘNG VẬT	TÀI NGUYÊN
FLORA	HẠN HÁN
TOÀN CẦU	SỰ SỐNG CÒN
BIỂN	BỀN VỮNG
NÚI	THỰC VẬT

51 - Família

```
Y  C  O  N  C  D  C  A  G  H  E  T  H  O
D  H  P  M  D  H  Ì  Y  T  D  M  Ổ  D  C
T  Ồ  Q  C  Ẹ  T  Á  K  O  N  G  T  B  O
G  N  E  M  H  Ọ  M  U  H  Y  Á  I  À  N
A  G  T  A  C  L  B  Q  G  T  I  Ê  B  G
T  H  Ờ  I  T  H  Ơ  Ấ  U  Á  T  N  K  Á
T  I  P  I  B  C  H  A  B  L  I  Q  V  I
T  N  V  A  N  H  T  R  A  I  D  M  Ợ  Q
C  H  Ú  P  T  Á  R  R  K  N  B  Q  D  C
N  P  C  K  G  U  Ẻ  O  Q  Q  O  L  L  P
A  C  H  M  I  U  E  M  Y  B  N  R  I  C
D  U  U  V  U  R  M  K  M  N  L  V  I  G
I  Y  T  N  U  O  B  T  O  P  M  T  B  T
V  Ô  N  G  P  U  Q  K  P  N  I  K  R  R
```

TỔ TIÊN	ANH TRAI
BÀ	CHỒNG
ÔNG	MẸ
CON	CHA
TRẺ EM	EM HỌ
VỢ	CHÁU GÁI
CON GÁI	CHÁU
THỜI THƠ ẤU	DÌ
EM GÁI	CHÚ

52 - Férias #2

```
N Q U C B Q V S K V O M R C
N Ú Q C Ả V A Â H Ậ I H G Ắ
X B I Ể N K G N Á N V Ộ L M
U E R L Đ Ả O B C C O C B T
N M T M Ồ L A A H H K H Ã R
G C A Ắ V Ề V Y S U Ả I I Ạ
O Đ G R C U L C Ạ Y N Ế B I
Ạ T I A H X C A N Ể H U I L
I H Ả Ể N C I B Q N H U Ể L
Q Ị I K M N G À Y L Ễ Y N D
U T T I D Đ C N P V C I Y L
Ố H R D V H Ế V V R P Y U V
C Ự Í G N H À N H T R Ì N H
R C Y I G L L H D L C U U M
```

CẮM TRẠI	BIỂN
SÂN BAY	NÚI
ĐIỂM ĐẾN	HỘ CHIẾU
NGOẠI QUỐC	BÃI BIỂN
NGÀY LỄ	XE TẮC XI
ẢNH	LỀU
KHÁCH SẠN	VẬN CHUYỂN
ĐẢO	HÀNH TRÌNH
GIẢI TRÍ	THỊ THỰC
BẢN ĐỒ	

53 - Edifícios

```
B  O  N  L  K  H  Á  C  H  S  Ạ  N  T  R
B  Ả  A  Ề  H  U  Q  O  R  N  M  G  R  Ạ
R  Ễ  O  U  I  C  D  Y  D  T  I  A  Ư  P
D  H  N  T  U  N  H  À  M  Á  Y  R  Ờ  H
Y  I  N  H  À  P  S  M  T  K  M  A  N  Á
T  H  Á  P  V  N  N  I  I  Q  R  I  G  T
M  C  L  C  Ự  I  G  C  Ê  O  P  P  H  C
H  I  B  A  A  B  Ễ  Ă  C  U  R  G  Ọ  A
B  N  H  À  T  H  Ờ  N  R  C  T  I  C  B
L  Â  U  Đ  À  I  L  H  D  T  B  H  V  I
S  Â  N  V  Ậ  N  Đ  Ộ  N  G  T  G  Ị  N
P  U  H  Q  Đ  À  I  Q  U  A  N  S  Á  T
N  Ô  N  G  T  R  Ạ  I  Đ  Ạ  I  H  Ọ  C
Đ  Ạ  I  S  Ứ  Q  U  Á  N  P  R  O  P  R
```

CĂN HỘ
CABIN
LÂU ĐÀI
NHÀ THỜ
VỰA
ĐẠI SỨ QUÁN
TRƯỜNG HỌC
SÂN VẬN ĐỘNG
NÔNG TRẠI
NHÀ MÁY

GA-RA
BỆNH VIỆN
KHÁCH SẠN
BẢO TÀNG
ĐÀI QUAN SÁT
SIÊU THỊ
RẠP HÁT
LỀU
THÁP
ĐẠI HỌC

54 - Praia

```
A  B  I  Ể  N  Đ  Ả  O  C  K  Q  T  B  G
R  U  Ờ  V  O  Ầ  Ạ  Y  Á  U  O  R  P  O
A  O  D  B  G  M  Y  I  T  U  L  Ả  R  Q
H  Y  H  T  I  K  P  H  D  P  D  L  I  M
P  R  P  N  T  Ể  B  O  É  Ư  Y  Ạ  T  L
Y  Q  R  D  I  N  O  P  Y  Ơ  I  G  H
V  C  R  K  O  Q  D  G  C  O  D  N  H  O
D  L  U  N  C  M  Ặ  T  T  R  Ờ  I  G  I
G  U  O  G  K  U  K  T  B  G  C  O  Y  V
G  O  D  T  H  V  A  H  Ô  B  A  H  I  P
P  I  Y  I  Ă  M  À  U  X  A  N  H  H  T
O  V  N  M  N  P  B  Y  Q  P  M  T  A  T
U  T  N  T  H  U  Y  Ề  N  B  U  Ồ  M  P
A  V  H  H  H  Y  I  N  O  A  K  D  U  M
```

CÁT	BIỂN
MÀU XANH	ĐẠI DƯƠNG
THUYỀN	TRẢ LẠI
CUA	DÉP
BỜ BIỂN	MẶT TRỜI
DOCK	KHĂN
ĐẢO	THUYỀN BUỒM
ĐẦM	

55 - Ferramentas de Cozinha

```
Q D Q K D O M M D Q P R C B
C Á I N Ĩ A H D I I O K B À
V B R C P P O N G C Ấ M Ế N
U A K I D V R K É O A L P M
L O A I T H G Y É N C Ò I À
N H L T N K G H G O Q B Y I
H O M A O D Y I R L L L Y A
I T M C O I B C Á I T H Ì A
Ẽ T H T Ủ L Ạ N H D A O R L
T U B Ì G L I L H A G B R R
K T D Q A I V O C M O I A L
Ế A M D M P G N U K P N Ắ P
M G K L U I M C I N Y C G D
T O A S T E R H M A I R I A
```

ẤM
CHAO
CÁI THÌA
THÌA
DAO
BẾP
LÒ
CÁI NĨA

TỦ LẠNH
BÀN MÀI
DAO KÉO
NẮP
NHIỆT KẾ
KÉO
TOASTER

56 - Xadrez

```
H  L  U  N  L  N  Y  Q  H  L  R  B  R  L
T  R  Ắ  N  G  A  H  V  U  A  R  V  K  C
G  H  N  V  Q  Q  T  G  H  Y  S  I  N  H
I  D  D  N  Y  U  L  I  U  Y  T  C  L  I
Ả  U  H  K  A  K  Á  B  R  Y  A  Ắ  D  Ế
I  P  Đ  I  Ể  M  T  N  U  Q  H  N  C  N
Đ  Q  Ố  A  I  B  H  G  Q  V  T  H  T  L
Ấ  K  I  M  I  Y  Ờ  Ư  C  U  H  H  H  Ư
U  M  T  G  A  A  I  Ờ  U  O  Â  H  Ụ  Ợ
N  Ữ  H  O  À  N  G  I  Ộ  Đ  C  N  Đ  C
Q  Y  Ủ  D  H  C  I  C  C  A  E  L  Ộ  N
R  M  G  D  T  B  A  H  T  L  V  N  N  T
G  L  K  K  K  N  N  Ơ  H  M  U  B  G  M
T  R  Ò  C  H  Ơ  I  I  I  V  V  Y  O  I
```

TRẮNG	ĐIỂM
QUÁN QUÂN	ĐEN
CUỘC THI	NỮ HOÀNG
CHIẾN LƯỢC	QUY TẮC
NGƯỜI CHƠI	VUA
TRÒ CHƠI	HY SINH
ĐỐI THỦ	THỜI GIAN
THỤ ĐỘNG	GIẢI ĐẤU

57 - Aventura

```
L G V N L A V O U L M A H Y
N I Ề M V U I K I T I N À G
V G C L P U N Y Ň P U T N R
C H U Ẩ N B Ị H K K Q O H K
D R I Y A D C Ơ H Ộ I À T I
Đ V D V H L P T Ó L Q N R K
Q I Ể B T I T L K K V Y Ì T
T H Ể Đ B Q Ể D H G N H N H
Đ H L M Ẹ A N M Ă T H M H Ă
I L D P Đ P B Ạ N B È B H N
H R U Y B Ế D Ẫ N Đ Ư Ờ N G
P P T H I Ê N N H I Ê N C H
Y A K Y H O Ạ T Đ Ộ N G A Á
G M A O K Q M Ớ I M I A T I
```

NIỀM VUI	HÀNH TRÌNH
BẠN BÈ	THIÊN NHIÊN
HOẠT ĐỘNG	DẪN ĐƯỜNG
VẺ ĐẸP	MỚI
CƠ HỘI	NGUY HIỂM
ĐIỂM ĐẾN	CHUẨN BỊ
KHÓ KHĂN	AN TOÀN
HĂNG HÁI	ĐI

58 - Surf

P	N	P	H	O	N	G	C	Á	C	H	T	M	T
V	G	G	B	A	T	K	K	P	P	H	H	D	Ố
K	Ư	P	G	U	R	A	P	T	H	T	Ờ	U	C
A	Ờ	B	Y	G	Ả	G	D	T	Ổ	K	I	Đ	Đ
R	I	O	N	R	L	B	C	K	B	Ọ	T	Á	Ộ
H	B	G	O	O	Ạ	Ự	B	C	I	B	I	M	Y
K	Ắ	A	O	Q	I	Đ	C	Ụ	Ế	B	Ế	Đ	O
G	T	N	K	U	G	P	Ạ	S	N	K	T	Ô	G
P	Đ	N	I	Á	M	Q	Q	I	Ĩ	G	B	N	Q
T	Ầ	S	Ó	N	G	C	A	P	D	R	D	G	U
D	U	U	U	Q	D	Ự	H	A	A	Ư	P	N	O
N	U	L	P	U	M	C	P	P	M	P	Ơ	K	I
C	V	Y	O	Â	B	Ã	I	B	I	Ể	N	N	T
V	B	A	B	N	S	Ứ	C	M	Ạ	N	H	Q	G

LỰC SĨ
QUÁN QUÂN
BỌT
PHONG CÁCH
BỤNG
CỰC
SỨC MẠNH
ĐÁM ĐÔNG

ĐẠI DƯƠNG
SÓNG
PHỔ BIẾN
BÃI BIỂN
NGƯỜI BẮT ĐẦU
TỐC ĐỘ
TRẢ LẠI
THỜI TIẾT

59 - Floresta Tropical

Đ	R	G	Y	B	R	V	L	A	K	U	S	P	T
R	Á	Ừ	K	G	Ê	L	Q	R	H	U	Ự	H	H
Q	Y	M	N	U	U	K	O	R	Í	C	B	Ụ	I
U	Y	B	M	G	O	C	O	K	H	H	Ả	C	Ê
Ý	T	Q	P	Â	P	A	Ô	L	Ậ	I	O	H	N
P	H	G	I	A	Y	A	V	N	U	M	T	Ồ	N
S	Ự	S	Ố	N	G	C	Ò	N	T	P	Ồ	I	H
C	C	K	K	N	L	Ộ	I	I	U	R	N	B	I
H	V	D	D	N	O	N	H	I	T	E	Ù	Ả	Ê
I	Ậ	P	R	C	À	G	K	T	A	F	G	N	N
V	T	D	Q	B	I	Đ	D	L	Q	U	N	Đ	G
Đ	A	D	Ạ	N	G	Ồ	T	U	Q	G	H	Ị	C
H	U	N	K	G	K	N	H	B	G	E	B	A	A
R	K	R	R	H	U	G	M	I	H	O	P	B	G

THỰC VẬT
KHÍ HẬU
CỘNG ĐỒNG
ĐA DẠNG
LOÀI
BẢN ĐỊA
CÔN TRÙNG
RÊU
THIÊN NHIÊN

ĐÁM MÂY
CHIM
SỰ BẢO TỒN
REFUGE
PHỤC HỒI
RỪNG
SỰ SỐNG CÒN
QUÝ

60 - Cidade

```
R  Ạ  P  H  Á  T  H  Ị  T  R  Ư  Ờ  N  G
U  N  S  Ở  T  H  Ú  B  Ả  O  T  À  N  G
T  H  Ư  V  I  Ễ  N  C  Ử  A  H  À  N  G
B  I  N  S  Â  N  V  Ậ  N  Đ  Ộ  N  G  K
I  Ễ  Ễ  G  Đ  Y  T  G  V  A  V  L  T  H
R  U  U  M  Ư  Ạ  S  I  Ê  U  T  H  Ị  Á
D  S  H  N  T  Ờ  I  R  Q  M  R  G  O  C
Y  Á  M  T  G  H  I  H  Q  B  Ư  M  R  H
S  C  B  P  R  G  U  B  Ọ  H  Ờ  U  R  S
Â  H  I  N  U  I  K  Ố  Á  C  N  S  U  Ạ
N  G  Â  N  H  À  N  G  C  N  G  A  C  N
B  Ộ  S  Ư  U  T  Ậ  P  G  T  H  L  A  H
A  Q  R  D  B  M  V  V  K  G  Ọ  O  R  C
Y  B  T  U  G  R  Y  A  B  T  C  N  A  K
```

SÂN BAY	SỞ THÚ
NGÂN HÀNG	HIỆU SÁCH
THƯ VIỆN	CỬA HÀNG
TRƯỜNG HỌC	THỊ TRƯỜNG
SÂN VẬN ĐỘNG	BẢO TÀNG
TIỆM THUỐC	SALON
NGƯỜI BÁN HOA	SIÊU THỊ
BỘ SƯU TẬP	RẠP HÁT
KHÁCH SẠN	ĐẠI HỌC

61 - Matemática

```
T  T  Đ  Ư  Ờ  N  G  K  Í  N  H  R  Q  Y
Ổ  H  A  G  Y  H  Q  C  H  U  V  I  U  B
N  Ì  S  M  Ũ  Đ  Q  S  Q  H  U  V  Ả  P
G  N  O  B  G  Ố  D  Ố  K  Ì  G  I  N  H
Â  H  N  Á  Y  I  P  H  Â  N  S  Ố  G  Ư
M  C  G  N  U  X  Á  Ọ  H  H  Y  U  T  Ơ
L  H  S  K  Ứ  A  C  Đ  H  I  O  R  N
Ư  Ữ  O  Í  G  N  N  P  A  Ọ  H  G  Ư  G
Ợ  N  N  N  Q  G  H  R  G  C  P  C  Ờ  T
N  H  G  H  U  H  H  O  I  Q  I  T  N  R
G  Ậ  N  L  Y  D  R  B  Á  B  O  M  G  Ì
H  T  K  L  B  R  V  K  C  G  Ó  C  T  N
L  A  O  T  H  Ậ  P  P  H  Â  N  S  Ố  H
L  V  U  Ô  N  G  G  Ó  C  B  Q  U  N  P
```

SỐ HỌC	CHU VI
GÓC	VUÔNG GÓC
THẬP PHÂN	ĐA GIÁC
ĐƯỜNG KÍNH	QUẢNG TRƯỜNG
PHƯƠNG TRÌNH	BÁN KÍNH
MŨ	HÌNH CHỮ NHẬT
PHÂN SỐ	ĐỐI XỨNG
HÌNH HỌC	TỔNG
SỐ	TAM GIÁC
SONG SONG	ÂM LƯỢNG

62 - Natureza

B Đ N S D R D N X T U L G A
O Ộ Ă A Ô Ừ C M Đ Ó L V A S
A N N M N N L Á P I K L E
K G G Ạ N G G L M C H M N R
O V Đ C H T H Á M I A H Ò E
N Ậ Ộ V I I M I Â I A T I N
G T N P Ệ T G O Y D M D I E
L G G Y T H O A N G D Ã A K
A V L R Đ Á S Ư Ơ N G M Ù H
V C I T Ớ N Ú I Q R V D H H
B Ể Y C I H Ò A B Ì N H T M
Q O Đ S Ô N G B Ă N G D A V
R Y T Ẹ Q U A N T R Ọ N G K
U U Y T P B Ắ C C Ự C V C G

ONG
ĐỘNG VẬT
BẮC CỰC
VẺ ĐẸP
SA MẠC
NĂNG ĐỘNG
XÓI MÒN
RỪNG
LÁ
SÔNG BĂNG

NÚI
SƯƠNG MÙ
ĐÁM MÂY
HÒA BÌNH
SÔNG
THÁNH
HOANG DÃ
SERENE
NHIỆT ĐỚI
QUAN TRỌNG

63 - Preencher

```
L  L  T  H  Ù  N  G  P  A  M  T  T  Ú  I
V  I  A  Ộ  Q  U  H  H  M  K  H  H  À  C
V  V  H  P  O  V  Ố  O  V  H  N  Ư  O  U
G  C  U  U  D  B  Ì  N  H  A  K  M  L  G
C  U  C  M  R  D  K  G  G  Y  Q  Ụ  O  B
R  Y  A  P  I  A  C  B  Ó  H  B  C  O  U
K  C  Q  G  V  R  U  Ì  I  A  V  Á  A  Q
N  N  D  C  I  H  B  P  V  A  L  I  A  T
H  G  H  Y  N  G  G  R  A  B  G  R  D  D
U  L  Ă  D  G  M  O  A  R  Q  N  Ổ  I  P
R  B  O  N  V  Q  D  V  N  Y  Q  K  K  M
D  Q  M  H  K  B  T  R  O  G  L  O  U  G
B  L  O  R  N  É  P  U  O  A  K  X  Ô  N
A  A  Y  V  V  A  O  C  H  A  I  U  T  G
```

XÔ   NGĂN KÉO
KHAY   VA LI
THÙNG   TÀU
TÚI   GÓI
HỘP   THƯ MỤC
CÁI RỔ   ỐNG
PHONG BÌ   BÌNH
CHAI

64 - Animais de Estimação

```
M  È  O  C  O  N  Y  V  T  V  P  K  C  T
A  D  B  Á  C  S  Ĩ  T  H  Ú  Y  K  O  I
U  B  R  A  V  Y  O  M  A  A  Q  Q  N  M
R  O  B  H  O  C  H  Ó  M  T  D  L  T  T
T  C  D  O  A  R  R  G  D  R  L  Y  H  L
C  M  Ổ  T  I  M  B  Q  Ê  A  V  C  Ẳ  K
H  H  Đ  Á  A  K  S  G  R  Q  L  O  N  A
Ó  G  U  D  O  D  R  T  O  B  K  N  L  V
C  D  Ô  Ộ  D  I  Ù  V  E  Ò  V  V  Ẳ  B
O  G  I  U  T  A  A  Y  N  R  T  Ẹ  N  P
N  T  Ỏ  C  V  N  Y  Ư  R  B  T  G  B
V  Y  N  P  B  D  I  V  Ớ  N  I  L  V  I
H  V  R  H  O  R  T  R  C  O  N  M  È  O
Q  H  U  T  U  L  H  V  C  R  H  P  D  H
```

NƯỚC	HAMSTER
DÊ	CON THẰN LẰN
CHÓ CON	CHUỘT
ĐUÔI	CON VẸT
CHÓ	CÁ
THỎ	RÙA
CỔ ÁO	BÒ
MÈO CON	BÁC SĨ THÚ Y
CON MÈO	

65 - Aviões

```
H  U  H  P  Đ  Q  G  H  O  Y  R  X  L  M
H  Đ  Ư  G  L  Ổ  H  G  T  O  H  Â  Ị  O
Y  Ộ  Ớ  B  H  V  B  D  L  R  H  Y  C  O
D  N  N  M  K  L  G  Ộ  T  D  Y  D  H  P
R  G  G  B  Ầ  U  T  R  Ờ  I  L  Ự  S  K
O  C  H  I  Ề  U  C  A  O  Y  D  N  Ử  P
B  Ơ  Á  T  H  Ờ  I  T  I  Ế  T  G  I  H
K  Ó  U  N  H  I  Ê  N  L  I  Ệ  U  V  I
A  G  N  K  H  Ô  N  G  K  H  Í  L  Y  C
N  C  P  G  C  Q  V  G  V  V  R  C  P  Ô
K  Y  T  B  U  G  U  N  G  K  B  N  V  N
L  T  C  L  N  I  H  Ạ  X  U  Ố  N  G  G
Đ  Ộ  C  A  O  H  Y  R  T  D  T  P  H  L
H  À  N  H  K  H  Á  C  H  M  V  P  T  C
```

ĐỘ CAO
CHIỀU CAO
KHÔNG KHÍ
ĐỔ BỘ
BÓNG
BẦU TRỜI
NHIÊN LIỆU
XÂY DỰNG
HẠ XUỐNG

HƯỚNG
CÁNH QUẠT
HYDRO
LỊCH SỬ
ĐỘNG CƠ
HÀNH KHÁCH
PHI CÔNG
THỜI TIẾT

66 - Tipos de Cabelo

```
G  M  M  K  T  R  Ắ  N  G  K  H  G  N  L
D  À  Ề  N  H  Ó  I  G  Y  H  T  K  Y  P
Q  U  M  M  V  Ỏ  T  Ắ  V  Ô  Y  U  G  T
K  G  D  À  I  A  E  N  R  G  K  Y  H  B
A  Y  C  U  R  L  S  M  U  D  D  M  I  R
O  K  H  X  B  Ẽ  N  L  Ạ  A  Y  V  U  A
M  K  N  Á  T  P  V  T  R  N  O  H  T  I
V  D  H  M  G  A  Đ  Q  T  A  H  B  T  D
M  À  U  N  Â  U  E  O  G  Y  N  T  Ạ  S
M  Y  L  T  S  Á  N  G  B  Ó  N  G  H  C
T  Ỏ  Y  Y  I  T  Ó  C  V  À  N  G  X  N
P  L  N  I  P  H  R  H  R  B  K  K  O  D
L  D  I  G  P  L  H  U  Q  A  K  M  Ă  R
M  O  K  D  V  H  K  T  V  Y  B  M  N  D
```

TRẮNG	TÓC VÀNG
SÁNG BÓNG	DÀI
CURLS	MÀU NÂU
HÓI	BẠC
MÀU XÁM	ĐEN
MÀU	KHỎE MẠNH
NGẮN	KHÔ
XOĂN	MỀM
MỎNG	BỆN
DÀY	BRAIDS

67 - Formas

```
E  K  P  O  M  P  O  V  B  K  V  H  Y  B
H  L  I  V  C  H  Y  K  Ê  C  Ò  À  K  N
Đ  Ì  L  M  G  I  L  Ă  N  G  N  N  H  Đ
A  I  N  I  T  K  G  V  Ó  C  G  G  H  Ư
G  D  G  H  P  Ự  C  U  N  G  T  K  Ì  Ờ
I  Y  Q  P  T  S  T  I  N  Ó  R  L  N  N
Á  P  M  I  P  R  E  H  B  C  Ò  H  H  G
C  Ầ  U  N  D  T  Ụ  Q  Á  R  N  C  C  C
L  U  M  Q  A  Y  U  B  O  P  M  A  H  O
D  U  M  M  H  H  D  D  P  A  C  V  Ữ  N
Q  O  C  Q  U  Ả  N  G  T  R  Ư  Ờ  N  G
H  Y  P  E  R  B  O  L  A  U  I  P  H  L
T  A  M  G  I  Á  C  R  C  G  H  O  Ậ  B
T  Y  T  Q  Y  K  U  U  K  B  C  M  T  L
```

CUNG	BÊN
GÓC	HÀNG
HÌNH TRỤ	KIM TỰ THÁP
VÒNG TRÒN	ĐA GIÁC
NÓN	LĂNG
ĐƯỜNG CONG	QUẢNG TRƯỜNG
ELLIPSE	HÌNH CHỮ NHẬT
CẦU	TAM GIÁC
HYPERBOLA	

68 - Dias e Meses

```
P  U  Q  Y  U  T  C  C  D  K  M  N  N  T
A  L  R  C  D  T  H  H  T  A  L  Ị  C  H
Q  R  K  O  Q  A  H  Á  Ủ  G  Q  V  T  Á
H  C  O  I  H  Y  O  Ứ  N  N  T  K  U  N
N  Ă  M  A  I  K  K  M  B  G  H  R  Ầ  G
T  H  Á  N  G  B  Ả  Y  B  Ả  S  Ậ  N  H
T  T  H  Á  N  G  M  Ư  Ờ  I  Y  Á  T  A
H  H  T  Q  G  L  G  T  H  Ứ  B  A  U  I
Á  Ứ  H  V  À  C  T  H  Á  N  G  1  2  D
N  H  Ứ  O  Y  R  G  Ứ  T  H  Á  N  G  N
G  A  T  M  V  A  U  N  T  H  Á  N  G  9
M  I  Ư  N  L  V  B  Ă  B  G  G  D  N  Y
Ộ  V  C  A  Q  L  M  M  I  O  O  R  H  T
T  H  Á  N  G  T  Ư  T  H  Ứ  S  Á  U  H
```

THÁNG TƯ	THÁNG
NGÀY	THÁNG MƯỜI
NĂM	THỨ TƯ
LỊCH	THỨ NĂM
THÁNG 12	THỨ BẢY
CHỦ NHẬT	THỨ HAI
THÁNG HAI	TUẦN
THÁNG MỘT	THÁNG 9
THÁNG BẢY	THỨ SÁU
THÁNG SÁU	THỨ BA

69 - Geografia

```
A  T  L  A  S  R  U  P  C  A  D  K  T  Y
K  H  L  Q  R  M  V  Ĩ  Đ  Ộ  B  I  Ể  N
B  Ế  Ã  P  U  C  P  T  Ộ  M  P  N  C  B
Ắ  G  N  K  H  Ố  H  N  C  C  P  H  U  Q
C  I  H  G  Y  Í  C  Q  A  A  B  T  B  U
O  Ớ  T  V  I  K  A  G  O  U  Á  U  N  B
T  I  H  S  Ô  N  G  N  I  C  N  Y  M  Ả
R  H  Ổ  I  K  N  B  U  A  A  C  Ế  N  N
L  K  À  H  I  Ú  L  M  D  M  Ầ  N  Đ  Đ
Ụ  K  L  N  N  I  B  T  B  M  U  C  Ả  Ồ
C  V  P  T  H  Ư  Ớ  N  G  T  Â  Y  O  T
Đ  A  P  G  B  P  Đ  Ạ  I  D  Ư  Ơ  N  G
Ị  I  V  A  B  K  H  U  V  Ự  C  Q  M  O
A  U  L  U  M  R  I  Ố  N  I  M  K  Y  H
```

ĐỘ CAO
ATLAS
THÀNH PHỐ
LỤC ĐỊA
BÁN CẦU
ĐẢO
VĨ ĐỘ
BẢN ĐỒ
BIỂN
KINH TUYẾN

NÚI
THẾ GIỚI
BẮC
ĐẠI DƯƠNG
HƯỚNG TÂY
QUỐC GIA
KHU VỰC
SÔNG
PHÍA NAM
LÃNH THỔ

70 - Antártica

```
U  N  A  G  Q  M  Y  M  U  M  D  I  C  Ư
S  L  Ư  A  G  O  Ô  G  Y  P  N  P  Á  R
Q  Ô  I  Ớ  C  A  R  N  O  V  C  Y  V  G
V  Ị  N  H  C  M  O  L  Đ  Ả  O  B  O  K
T  M  H  G  A  V  C  P  O  Ị  C  H  I  M
O  K  I  U  B  R  K  K  H  O  A  H  Ọ  C
H  M  Ẽ  D  Ă  Ă  Y  M  L  H  I  L  R  T
M  Y  T  H  N  H  N  T  T  B  B  Ụ  Ý  H
L  L  Đ  Q  G  O  G  G  L  Y  C  C  O  Ă
B  R  Ộ  C  Q  B  Á  N  Đ  Ả  O  Đ  T  M
C  H  I  M  C  Á  N  H  C  Ụ  T  Ị  D  D
K  H  O  Á  N  G  S  Ả  N  Y  I  A  O  Ò
B  Ả  O  T  Ồ  N  Đ  Ị  A  H  Ì  N  H  G
M  Ô  I  T  R  Ư  Ờ  N  G  I  M  G  L  P
```

MÔI TRƯỜNG	MÔN ĐỊA LÝ
NƯỚC	ĐẢO
VỊNH	DI CƯ
CÁ VOI	KHOÁNG SẢN
KHOA HỌC	CHIM
BẢO TỒN	BÁN ĐẢO
LỤC ĐỊA	CHIM CÁNH CỤT
THĂM DÒ	ROCKY
SÔNG BĂNG	NHIỆT ĐỘ
BĂNG	ĐỊA HÌNH

71 - Flores

```
B  Ồ  C  Ô  N  G  A  N  H  D  L  L  K  P
V  L  O  B  I  L  C  C  Ổ  B  A  L  Á  O
R  L  Ờ  I  K  H  U  Y  Ê  N  L  I  P  P
P  H  O  A  O  Ả  I  H  Ư  Ơ  N  G  S  P
L  H  Ư  Ớ  N  G  D  Ư  Ơ  N  G  K  B  Y
U  O  O  C  Á  N  H  H  O  A  C  I  Ó  H
M  A  G  N  O  L  I  A  T  G  T  H  O
E  H  Y  T  G  A  R  D  E  N  I  A  O  A
R  Ồ  R  B  O  L  Y  D  I  C  L  U  A  L
I  N  H  I  L  J  A  S  M  I  N  E  M  O
A  G  T  V  G  I  G  N  C  B  R  M  N  A
T  Ử  Đ  I  N  H  H  Ư  Ơ  N  G  C  U  K
R  U  Q  Q  K  Q  P  D  Â  M  B  Ụ  T  È
H  O  A  M  Ẫ  U  Đ  Ơ  N  H  K  C  A  N
```

BÓ HOA
BỒ CÔNG ANH
GARDENIA
HƯỚNG DƯƠNG
DÂM BỤT
JASMINE
HOA OẢI HƯƠNG
TỬ ĐINH HƯƠNG
HOA LOA KÈN
MAGNOLIA

DAISY
PHONG LAN
POPPY
HOA MẪU ĐƠN
CÁNH HOA
PLUMERIA
HOA HỒNG
CỎ BA LÁ
LỜI KHUYÊN

72 - Fazenda #1

```
B  I  Y  G  D  A  P  D  C  L  G  À  I  P
Ắ  K  P  O  Ê  V  H  H  O  Ợ  I  M  D  C
P  H  P  I  M  G  Â  H  À  N  Ư  Ớ  C  O
C  B  M  Ậ  T  O  N  G  B  N  K  T  H  N
H  Ỏ  U  K  A  T  B  Q  N  K  G  E  Ó  O
Â  D  K  V  C  B  Ó  H  T  V  C  R  Y  N
N  Q  K  H  Y  B  N  Đ  À  N  Q  M  À  G
M  A  P  I  Ô  C  O  N  Q  U  Ạ  P  D  O
N  Ô  N  G  N  G  H  I  Ệ  P  C  P  H  P
P  D  N  G  Ự  A  T  R  Ư  Ờ  N  G  A  B
C  K  C  O  N  M  È  O  C  P  M  M  M  Q
N  V  B  Y  G  T  R  D  O  Q  D  A  G  L
Q  L  O  R  B  Ò  N  P  U  R  P  C  C  Y
H  I  G  H  R  V  Q  M  L  G  D  G  Ạ  O
```

CON ONG
NÔNG NGHIỆP
GẠO
NƯỚC
BẮP CHÂN
DONKEY
DÊ
TRƯỜNG
NGỰA
CHÓ

HÀNG RÀO
CON QUẠ
CỎ KHÔ
PHÂN BÓN
GÀ
CON MÈO
MẬT ONG
LỢN
ĐÀN
BÒ

73 - Livros

```
P  B  B  Ố  I  C  Ả  N  H  U  A  H  M  D
T  I  H  P  G  U  Â  P  V  Q  Q  I  Q  L
B  K  N  Q  T  I  Ể  U  T  H  U  Y  Ế  T
Ộ  Ị  I  H  T  T  Ừ  Q  C  T  R  A  N  G
S  C  R  O  Â  L  C  T  V  H  M  G  C  O
Ư  H  Q  A  P  N  O  R  I  H  U  A  B  I
U  K  K  T  V  I  V  Ạ  Ế  G  Q  Y  O  V
T  Á  C  G  I  Ả  T  Ậ  T  H  N  B  Ễ  Ă
Ậ  T  L  N  G  Â  M  O  T  R  I  À  P  N
P  C  Ó  L  I  Ê  N  Q  U  A  N  I  P  H
N  B  B  L  Ị  C  H  S  Ử  N  R  T  P  Ọ
S  Á  N  G  T  Ạ  O  D  A  G  D  H  Q  C
T  H  Ơ  G  Q  K  É  O  D  À  I  Ơ  N  B
K  N  N  G  Ư  Ờ  I  Đ  Ọ  C  K  M  U  U
```

TÁC GIẢ	VĂN HỌC
BỘ SƯU TẬP	TỪ
BỐI CẢNH	TRANG
KÉO DÀI	NHÂN VẬT
VIẾT	BÀI THƠ
CÂU CHUYỆN	THƠ
LỊCH SỬ	CÓ LIÊN QUAN
NGÂM	TIỂU THUYẾT
SÁNG TẠO	LOẠT
NGƯỜI ĐỌC	BI KỊCH

74 - Chocolate

```
Đ  H  U  C  A  L  O  B  C  Y  K  N  Đ  Y
T  Ư  C  I  A  V  C  V  Ị  O  Ỳ  O  Ậ  Y
P  Ơ  Ờ  O  V  O  Ô  K  T  P  L  R  U  U
A  N  C  N  N  N  G  O  N  Ạ  M  P  V
N  G  K  D  G  U  G  C  K  B  A  Q  H  Y
T  V  D  Ừ  D  O  T  Ọ  O  T  V  V  Ộ  O
I  Ị  Y  A  T  C  H  Ấ  T  L  Ư  Ợ  N  G
O  D  Ê  N  P  H  Ứ  L  B  H  H  T  G  Q
X  Q  U  D  T  N  C  H  D  P  Ơ  C  L  D
I  B  T  H  À  N  H  P  H  Ầ  N  M  C  C
D  Ộ  H  Y  G  T  Q  C  A  R  A  M  E  L
A  T  Í  T  M  U  Q  M  K  G  M  I  K  H
N  I  C  A  C  A  O  U  P  A  G  M  B  P
T  N  H  D  V  B  C  G  Đ  Ắ  N  G  A  Q
```

ĐƯỜNG	NGỌT
ĐẮNG	KỲ LẠ
ĐẬU PHỘNG	YÊU THÍCH
ANTIOXIDANT	VỊ
THƠM	THÀNH PHẦN
CACAO	BỘT
CALO	CHẤT LƯỢNG
CARAMEL	CÔNG THỨC
DỪA	HƯƠNG VỊ
NGON	

75 - Profissões #2

T	H	Ủ	T	H	Ư	G	N	H	A	S	Ĩ	T	N
T	A	O	M	G	M	R	L	N	Ọ	K	K	L	H
R	V	M	K	M	H	V	Q	H	C	A	P	C	I
I	M	U	Y	K	L	G	P	À	H	A	S	T	Ế
Ế	U	Q	U	D	H	L	R	N	Í	I	P	Ĩ	P
T	P	A	I	N	Q	D	V	G	N	C	H	P	Ả
G	N	Ô	N	G	D	Â	N	Ô	H	D	I	H	N
I	I	T	Q	A	T	O	H	N	T	U	H	I	H
A	V	Á	A	P	V	P	À	N	R	T	À	C	G
H	O	Ạ	O	K	U	B	B	G	Ị	H	N	Ô	I
Q	K	V	U	V	Ỹ	Y	Á	Ữ	G	Á	H	N	A
B	Á	C	S	Ĩ	I	S	O	K	I	M	G	G	T
P	M	A	Y	U	B	Ê	Ư	T	A	T	I	R	O
M	A	M	G	P	T	P	N	H	H	Ử	A	K	I

NÔNG DÂN
PHI HÀNH GIA
THỦ THƯ
NHA SĨ
THÁM TỬ
KỸ SƯ
TRIẾT GIA
NHIẾP ẢNH GIA

HOẠ
NHÀ BÁO
NHÀ NGÔN NGỮ
BÁC SĨ
PHI CÔNG
HỌA SĨ
CHÍNH TRỊ GIA
GIÁO VIÊN

76 - Fazenda #2

```
C  H  K  T  A  A  T  N  O  T  V  Ị  T  Đ
C  I  H  H  H  M  R  G  D  M  D  Q  Ổ  Ồ
B  C  V  Ủ  A  Ẻ  Á  Ô  M  K  R  D  O  N
N  T  M  Y  V  M  I  M  V  V  V  Y  N  G
C  T  L  L  N  G  C  L  Á  R  A  U  G  C
D  T  L  Ợ  G  H  Â  L  Y  Y  V  Q  N  Ỏ
O  H  Ú  I  Ỗ  T  Y  Y  V  D  K  V  B  Q
S  Ữ  A  Q  N  Y  C  M  L  K  I  É  A  B
A  I  M  V  G  R  K  G  T  B  O  U  O  K
D  B  Ì  Ự  V  D  D  H  O  C  K  I  Q  A
H  G  M  A  L  Ú  A  M  Ạ  C  H  N  D  Q
N  Ô  N  G  D  Â  N  M  O  H  Ừ  V  U  P
Đ  Ộ  N  G  V  Ậ  T  G  A  Í  U  U  D  U
D  Q  N  U  G  O  Y  G  M  N  T  K  C  V
```

NÔNG DÂN   CHÍN
ĐỘNG VẬT   NGÔ
VỰA   CỪU
LÚA MẠCH   VỊT
TỔ ONG   THỂ
TRÁI CÂY   ĐỒNG CỎ
NGỖNG   MÁY KÉO
THỦY LỢI   LÚA MÌ
SỮA   RAU

77 - Jardim

```
R  Y  I  X  B  T  P  I  H  B  G  A  R  A
B  T  O  R  Ẻ  G  D  A  O  Ă  P  L  Q  I
H  Ụ  W  I  Y  N  Q  H  À  N  G  R  À  O
V  Ò  I  E  Y  H  G  I  U  G  P  V  U  H
Ư  V  B  C  E  G  M  Ê  V  G  G  R  G  H
Ờ  K  V  À  Â  D  Y  N  V  H  M  C  Â  Y
N  B  A  O  G  Y  S  H  B  Ế  I  O  C  L
P  L  L  L  K  Y  P  A  U  C  Đ  R  I  R
P  H  V  L  K  I  R  Y  Y  I  Ấ  U  M  V
N  G  Õ  M  P  T  Ấ  M  B  Ạ  T  P  T  Y
S  Â  N  T  H  Ư  Ợ  N  G  C  H  H  M  B
Y  U  G  P  M  N  B  O  V  N  Ẻ  Y  C  Q
C  Ỏ  G  M  N  Q  B  R  H  O  A  D  I  O
M  O  C  L  U  Q  L  N  I  T  R  K  C  B
```

CÀO
BỤI CÂY
CÂY
BĂNG GHẾ
HÀNG RÀO
WEEDS
HOA
GA-RA
CỎ
VƯỜN

AO
VÕNG
VÒI
XẺNG
THẺ
ĐẤT
SÂN THƯỢNG
TẤM BẠT
HIÊN

78 - Oceano

```
I  H  B  B  U  Q  C  Á  H  E  O  T  B  A
M  À  Ọ  M  Ã  P  U  Á  H  P  T  Ả  O  K
U  U  T  V  A  O  A  T  V  H  Ô  C  T  N
H  Y  B  T  L  I  T  U  P  O  M  Á  H  K
A  G  I  M  N  L  U  Á  N  Y  I  M  Ủ  U
L  V  Ể  L  Q  I  P  U  P  I  L  Ậ  Y  D
R  O  N  C  C  Y  H  T  U  G  T  P  T  T
A  T  I  C  Á  N  G  Ừ  M  U  Ố  I  R  H
B  Ạ  C  H  T  U  Ộ  C  S  C  G  H  I  U
O  Q  T  R  Ả  L  Ạ  I  Ứ  L  R  C  Ề  Y
C  V  H  N  K  M  Ư  N  A  C  Á  U  U  Ề
O  V  N  D  A  I  R  Ơ  U  Q  I  T  U  N
H  Q  D  D  K  N  M  B  N  R  Ù  A  I  D
U  S  A  N  H  Ô  A  C  I  O  I  G  T  R
```

TẢO	THỦY TRIỀU
CÁ NGỪ	SỨA
CÁ VOI	HÀU
THUYỀN	CÁ
TÔM	BẠCH TUỘC
CUA	TRẢ LẠI
SAN HÔ	MUỐI
LƯƠN	RÙA
BỌT BIỂN	BÃO TÁP
CÁ HEO	CÁ MẬP

79 - Profissões #1

```
N  N  B  I  Ê  N  T  Ậ  P  V  I  Ê  N  N
N  G  H  Ệ  S  Ĩ  P  B  L  V  L  G  H  G
N  C  Â  À  L  O  C  P  U  Ũ  J  B  Ạ  H
Q  O  U  N  Đ  Y  O  A  M  C  E  T  C  Ệ
Y  K  A  U  H  Ị  I  G  B  Ô  W  H  S  S
Q  T  B  H  H  À  A  H  E  N  E  Ợ  Ĩ  Ĩ
Y  U  Á  I  R  U  N  C  R  G  L  S  T  P
L  Ự  C  S  Ĩ  V  Q  G  H  N  E  Ă  H  I
T  O  S  T  H  Ợ  M  A  Y  Ấ  R  N  Ủ  A
H  B  Ĩ  L  U  Ậ  T  S  Ư  U  T  L  Y  N
D  L  Í  N  H  C  Ứ  U  H  Ỏ  A  C  T  O
N  H  À  K  H  O  A  H  Ọ  C  D  L  H  O
B  Á  C  S  Ĩ  T  H  Ú  Y  P  A  H  Ủ  K
M  Đ  Ạ  I  S  Ứ  R  I  N  U  Q  V  D  V
```

LUẬT SƯ
THỢ MAY
NGHỆ SĨ
LỰC SĨ
NGÂN HÀNG
LÍNH CỨU HỎA
THỢ SĂN
NHÀ KHOA HỌC
VŨ CÔNG
BÁC SĨ

BIÊN TẬP VIÊN
ĐẠI SỨ
PLUMBER
Y TÁ
NHÀ ĐỊA CHẤT
JEWELER
THỦY THỦ
NHẠC SĨ
NGHỆ SĨ PIANO
BÁC SĨ THÚ Y

80 - Castelos

```
Q  C  U  V  I  K  D  L  G  T  H  Á  P  Y
T  A  P  H  Á  O  Đ  À  I  H  Ư  M  H  K
N  T  U  I  R  Q  T  K  B  A  C  Ờ  O  Á
O  A  K  Ễ  N  Ồ  K  U  Y  N  Ô  K  N  O
B  P  Ỳ  P  D  C  N  C  G  H  N  T  G  G
L  U  L  S  R  V  D  G  I  K  G  K  K  I
E  L  Â  Ĩ  H  R  B  K  H  I  C  R  I  Á
C  T  N  R  Đ  Ế  C  H  Ế  Ế  H  L  Ế  P
C  Á  I  K  H  I  Ê  N  O  M  Ú  P  N  V
T  R  I  Ề  U  Đ  Ạ  I  U  À  A  G  H  Y
V  Ư  Ơ  N  G  M  I  Ễ  N  Y  N  H  M  K
D  K  D  C  U  N  G  Đ  I  Ễ  N  G  Ự  A
V  Ư  Ơ  N  G  Q  U  Ố  C  N  K  D  T  C
N  C  V  G  V  T  L  A  K  T  G  L  Ử
```

ÁO GIÁP	PHÁO ĐÀI
CATAPULT	ĐẾ CHẾ
HIỆP SĨ	NOBLE
NGỰA	CUNG ĐIỆN
VƯƠNG MIỆN	TƯỜNG
TRIỀU ĐẠI	CÔNG CHÚA
RỒNG	HOÀNG TỬ
CÁI KHIÊN	VƯƠNG QUỐC
THANH KIẾM	THÁP
PHONG KIẾN	KỲ LÂN

81 - Escola # 2

```
M  B  B  Ú  T  C  H  Ì  V  B  A  L  Ô  Đ
Ô  Ạ  O  K  U  Y  O  P  H  Ă  I  T  A  Ọ
N  N  V  N  S  Q  Ạ  T  M  K  N  Q  U  C
T  B  K  M  Á  Y  T  Í  N  H  T  H  K  L
O  È  L  A  C  Q  Đ  L  V  O  H  B  Ọ  Ị
Á  I  L  L  H  H  Ộ  T  C  A  Ư  I  H  C
N  T  Ừ  Đ  I  Ể  N  V  B  H  V  N  L  H
G  I  Ấ  Y  H  U  G  N  H  Ọ  I  U  B  U
T  R  Ò  C  H  Ơ  I  H  G  C  Ẽ  V  N  H
G  I  Á  O  V  I  Ê  N  Ọ  Ữ  N  O  T  G
B  M  N  G  I  Á  O  D  Ụ  C  P  D  T  O
R  R  Y  P  K  N  R  I  H  U  N  H  T  M
K  É  O  R  N  M  K  Q  K  O  T  R  Á  O
I  L  M  U  I  C  D  O  B  P  U  M  D  P
```

HỌC
BẠN BÈ
HOẠT ĐỘNG
THƯ VIỆN
LỊCH
KHOA HỌC
MÁY TÍNH
TỪ ĐIỂN
GIÁO DỤC
NGỮ PHÁP

TRÒ CHƠI
BÚT CHÌ
ĐỌC
VĂN HỌC
SÁCH
MÔN TOÁN
BA LÔ
GIẤY
GIÁO VIÊN
KÉO

82 - Abelhas

```
R  M  V  R  U  Q  K  H  G  K  D  A  H  H
O  Ă  Q  Ư  T  A  S  Ọ  A  H  O  A  I  Ễ
T  T  O  Ờ  G  Á  P  M  Ó  A  N  V  S
R  T  C  Â  Y  N  P  L  N  I  D  K  E  I
B  R  Á  T  H  C  G  Ạ  M  R  T  K  K  N
V  Ờ  N  V  U  P  P  I  M  N  Q  K  O  H
Đ  I  H  D  P  P  H  Ấ  N  H  O  A  R  T
A  N  Ữ  H  O  À  N  G  G  U  C  A  U  H
D  H  T  P  N  M  V  H  G  R  G  K  U  Á
Ạ  B  U  Q  C  M  Ậ  K  K  Q  R  I  K  I
N  H  I  B  B  B  A  T  R  Á  I  C  Â  Y
G  B  A  B  Q  U  P  T  O  C  Ó  L  Ợ  I
R  V  I  Q  U  V  I  O  B  N  R  D  K  A
V  O  B  C  Ô  N  T  R  Ù  N  G  O  C  R
```

CÁNH
CÓ LỢI
SÁP
HIVE
ĐA DẠNG
HỆ SINH THÁI
HỢP LẠI
HOA
TRÁI CÂY

KHÓI
CÔN TRÙNG
VƯỜN
MẬT ONG
CÂY
PHẤN HOA
NỮ HOÀNG
MẶT TRỜI

83 - Banheiro

```
V  A  O  G  T  D  Y  Q  L  L  G  G  V  K
Ò  T  N  H  À  V  Ẽ  S  I  N  H  B  P  K
I  Q  Ư  Ơ  O  H  X  B  Ọ  T  B  I  Ể  N
U  G  Ớ  I  U  I  À  N  U  M  M  G  V  H
T  B  C  N  K  K  P  B  R  A  G  M  R  T
R  T  H  Ư  U  É  H  Q  Ồ  D  L  Q  P  U
M  I  O  Ớ  G  O  Ò  Ă  R  N  O  C  Y  T
O  V  A  C  U  D  N  Q  N  Ư  T  G  V  H
V  R  H  D  Ầ  U  G  Ộ  I  Ớ  I  Ắ  N  Ả
O  Y  H  D  Y  V  T  Ư  V  C  O  Y  M  M
L  I  B  U  B  N  L  D  Ơ  H  N  A  M  V
P  V  Ò  I  H  O  A  S  E  N  A  R  A  G
K  M  N  B  O  N  G  B  Ó  N  G  U  D  B
U  D  L  O  P  A  R  P  T  A  M  G  L  Y
```

NƯỚC	NƯỚC HOA
NHÀ VỆ SINH	XÀ PHÒNG
BỒN TẮM	THẢM
BONG BÓNG	KÉO
VÒI HOA SEN	KHĂN
GƯƠNG	VÒI
BỌT BIỂN	HƠI NƯỚC
LOTION	DẦU GỘI

84 - Ciência

```
D  P  T  T  R  Ọ  N  G  L  Ự  C  N  Q  K
Ữ  H  P  H  Â  N  T  Ử  Y  V  H  H  U  H
L  Ư  C  I  Í  L  O  B  H  M  Ó  À  A  O
I  Ơ  K  Ê  O  N  C  Â  Y  G  A  K  N  Á
Ễ  N  H  N  P  G  G  C  I  H  C  H  S  N
U  G  Í  N  B  H  K  H  M  A  H  O  Á  G
B  P  H  H  L  Ạ  Ó  T  I  T  Ấ  A  T  S
T  H  Ậ  I  C  T  D  A  V  Ễ  T  H  P  Ả
G  Á  U  Ê  Y  V  R  P  T  C  M  Ọ  K  N
M  P  V  N  Q  H  Ậ  A  T  H  Ự  C  T  Ế
T  I  Ế  N  H  Ó  A  T  D  H  Ạ  G  B  D
N  G  U  Y  Ê  N  T  Ử  L  C  L  C  A  B
G  I  Ả  T  H  U  Y  Ế  T  Ý  D  V  H  A
K  K  A  H  A  I  T  M  M  T  N  T  T  P
```

NGUYÊN TỬ	GIẢ THUYẾT
NHÀ KHOA HỌC	PHƯƠNG PHÁP
KHÍ HẬU	KHOÁNG SẢN
DỮ LIỆU	PHÂN TỬ
TIẾN HÓA	THIÊN NHIÊN
THÍ NGHIỆM	QUAN SÁT
THỰC TẾ	HẠT
VẬT LÝ	CÂY
HÓA THẠCH	HÓA CHẤT
TRỌNG LỰC	

85 - Cores

```
X  A  N  H  A  F  R  H  O  R  R  R  K  L
Q  N  Â  P  R  Y  U  P  M  À  U  N  Â  U
P  R  U  M  M  R  T  C  A  M  U  Y  I  H
I  Đ  Đ  À  U  P  M  I  H  B  T  D  V  D
R  I  Ở  U  I  A  Q  B  T  S  I  A  M  V
K  L  M  B  M  H  T  B  H  H  I  M  M  Y
Y  H  V  E  M  P  H  U  O  O  Q  A  À  P
R  G  L  K  À  R  I  Ồ  U  M  B  H  U  T
O  O  I  Y  U  P  Đ  E  N  K  Q  R  X  V
I  D  V  R  T  R  Ắ  N  G  G  K  K  A  I
N  T  T  O  Í  M  P  K  G  G  H  A  N  Y
V  U  M  M  M  A  G  E  N  T  A  H  H  G
A  P  U  B  Q  H  O  B  R  R  V  L  C  H
X  Á  M  P  Q  M  À  U  V  À  N  G  M  G
```

MÀU VÀNG	MÀU NÂU
MÀU XANH	ĐEN
MÀU BE	HỒNG
TRẮNG	MÀU TÍM
XÁM	NÂU ĐỎ
FUCHSIA	XANH
CAM	ĐỎ
MAGENTA	

86 - Comida #1

```
Đ  Ư  Ờ  N  G  O  A  K  N  B  T  V  D  M
D  Ậ  C  À  R  Ố  T  H  Ú  N  G  Q  U  Ế
Q  P  U  B  Q  U  Ế  G  C  Q  A  C  H  M
P  A  U  P  C  U  Q  B  C  I  R  M  À  H
T  Ỏ  I  A  H  U  Ả  S  A  L  A  D  N  P
N  B  C  N  Ạ  O  M  U  Ố  I  Â  H  C
Ư  B  B  Á  N  H  N  R  Ơ  Y  L  U  N  Á
Ớ  U  C  P  H  P  H  G  P  B  Ú  T  R  N
C  R  S  Y  V  N  G  V  C  C  A  Â  A  G
É  U  Ữ  Ú  P  A  Y  C  D  G  M  Y  U  Ừ
P  B  A  U  P  N  O  N  R  H  Ạ  N  B  C
R  R  N  M  U  B  O  B  C  Ủ  C  Ả  I  R
B  Q  R  R  V  M  C  R  Q  L  H  G  N  Y
K  V  R  C  U  C  B  Y  B  C  M  B  A  M
```

ĐƯỜNG	RAU BINA
TỎI	SỮA
ĐẬU PHỤNG	CHANH
CÁ NGỪ	HÚNG QUẾ
BÁNH	DÂU TÂY
QUẾ	CỦ CẢI
HÀNH	MUỐI
CÀ RỐT	SALAD
LÚA MẠCH	SÚP
QUẢ MƠ	NƯỚC ÉP

87 - Pássaros

```
C  P  L  D  U  U  O  U  C  O  N  V  Ẹ  T
Đ  À  Đ  I  Ể  U  D  V  H  Ồ  H  G  N  M
R  C  M  Ẽ  C  K  C  H  I  M  C  U  I  Ò
N  I  O  C  I  F  L  A  M  I  N  G  O  N
G  G  L  A  K  Đ  Q  C  C  C  A  P  K  G
K  G  Ỗ  A  H  Ạ  Q  O  Á  H  I  U  A  B
B  U  M  N  G  I  Q  N  N  I  T  C  L  I
H  Ồ  A  V  G  B  T  Q  H  M  O  C  R  Ể
T  K  N  H  M  À  R  U  C  B  U  H  R  N
N  O  G  Ô  P  N  Ứ  Ạ  Ụ  Ồ  C  O  V  G
B  C  O  A  N  G  N  R  T  C  A  N  V  R
C  Ô  N  G  P  G  G  A  K  Â  N  Y  Ị  T
N  O  N  U  V  À  Q  P  B  U  R  B  T  Q
C  H  I  M  S  Ẻ  T  H  I  Ê  N  N  G  A
```

ĐÀ ĐIỂU	DIỆC
ĐẠI BÀNG	TRỨNG
CÒ	CON VẸT
THIÊN NGA	CHIM SẺ
CON QUẠ	VỊT
CHIM CU	CÔNG
FLAMINGO	BỒ NÔNG
GÀ	CHIM CÁNH CỤT
MÒNG BIỂN	CHIM BỒ CÂU
NGỖNG	TOUCAN

88 - Virtudes #1

```
D  R  Ộ  N  G  L  Ư  Ợ  N  G  I  T  T  H
D  Ọ  G  Q  U  Y  Ế  T  Đ  Ị  N  H  Ư  P
D  R  N  G  H  Ệ  T  H  U  Ậ  T  Ự  Ở  I
L  D  Y  D  K  A  Ò  I  K  Q  Q  C  N  M
H  V  B  Q  Ẹ  L  M  Ễ  H  U  G  T  G  T
Đ  Ộ  C  L  Ậ  P  Ò  U  I  Y  P  Ế  T  H
K  G  N  G  B  L  L  Q  Ê  Ế  Y  A  Ư  Ô
P  V  B  I  M  U  L  U  M  N  V  O  Ợ  N
Đ  G  V  T  Q  C  A  Ả  T  R  R  D  N  G
A  H  U  Ố  N  T  C  Q  Ố  Ũ  C  B  G  M
M  U  K  T  K  B  U  Ồ  N  C  Ư  Ờ  I  I
M  O  L  O  B  K  H  Ô  N  N  G  O  A  N
Ê  D  B  Q  H  Y  T  U  H  Ữ  U  Í  C  H
K  I  Ê  N  N  H  Ẫ  N  H  I  Q  T  P  R
```

ĐAM MÊ	TƯỞNG TƯỢNG
NGHỆ THUẬT	ĐỘC LẬP
TỐT	THÔNG MINH
TÒ MÒ	DỌN DẸP
QUYẾT ĐỊNH	KHIÊM TỐN
HIỆU QUẢ	KIÊN NHẪN
QUYẾN RŨ	THỰC TẾ
BUỒN CƯỜI	KHÔN NGOAN
RỘNG LƯỢNG	HỮU ÍCH

89 - Literatura

```
T  P  B  U  G  O  B  Y  A  N  H  Ị  P  U
I  I  H  H  I  I  V  Ầ  N  Ý  K  I  Ế  N
Ể  T  Ể  Ầ  G  B  A  I  D  C  Y  O  B  S
U  Á  D  U  N  B  À  I  T  H  Ơ  C  M  Ự
S  C  S  Y  T  K  L  K  T  H  K  B  I  M
Ử  G  O  V  H  H  Ế  I  C  H  Ủ  Đ  Ề  I
Ẩ  I  S  M  Ơ  T  U  T  H  I  O  M  R  Ê
N  Ả  Á  L  H  U  B  Y  L  I  B  Ạ  U  U
D  G  N  C  B  V  N  R  Ế  U  U  A  I  T
Ụ  P  H  Â  N  T  Í  C  H  T  Ậ  L  Y  Ả
L  U  G  H  V  I  Ễ  N  T  Ư  Ở  N  G  O
P  H  O  N  G  C  Á  C  H  O  N  G  M  Q
H  Ộ  I  T  H  O  Ạ  I  B  I  K  Ị  C  H
V  T  T  Ư  Ơ  N  G  T  Ự  T  L  Q  I  Y
```

TƯƠNG TỰ	VIỄN TƯỞNG
PHÂN TÍCH	ẨN DỤ
GIAI THOẠI	Ý KIẾN
TÁC GIẢ	BÀI THƠ
TIỂU SỬ	THƠ
SO SÁNH	VẦN
PHẦN KẾT LUẬN	NHỊP
SỰ MIÊU TẢ	TIỂU THUYẾT
HỘI THOẠI	CHỦ ĐỀ
PHONG CÁCH	BI KỊCH

90 - Clima

```
B  S  N  H  T  C  C  K  V  T  H  T  Ẩ  G
Ầ  L  Ư  K  H  Ô  Ự  P  H  O  Ạ  N  M  I
U  Q  Ố  Ơ  P  M  C  N  R  Í  N  N  Ư  Ó
T  K  G  C  N  Ư  Ớ  C  Đ  Á  H  L  Ớ  M
R  H  T  C  X  G  P  V  Á  Q  Á  Ậ  T  Ù
Ờ  Ô  B  G  N  O  M  M  M  N  N  C  U  A
I  N  B  I  Y  I  Á  Ù  M  R  S  Ơ  S  H
U  G  Ã  Ó  G  H  C  Y  Â  I  É  N  Ấ  C
L  K  O  I  L  I  P  K  Y  V  T  B  M  Y
T  H  T  N  H  I  Ệ  T  Đ  Ộ  L  Ã  S  A
I  Í  Á  N  H  I  Ệ  T  Đ  Ớ  I  O  É  R
G  R  P  C  Ầ  U  V  Ồ  N  G  T  T  T  M
V  H  I  T  C  Q  N  R  B  N  I  L  M  P
Y  Y  U  N  K  P  H  O  R  D  H  L  M  K
```

CẦU VỒNG	SÉT
KHÔNG KHÍ	HẠN HÁN
BẦU TRỜI	KHÔ
KHÍ HẬU	NHIỆT ĐỘ
CƠN BÃO	BÃO TÁP
NƯỚC ĐÁ	LỐC XOÁY
GIÓ MÙA	NHIỆT ĐỚI
SƯƠNG MÙ	SẤM SÉT
ĐÁM MÂY	ẨM ƯỚT
CỰC	GIÓ

91 - Tecnologia

```
T  O  M  P  O  K  P  H  Ầ  N  M  Ề  M  V
R  D  K  L  H  Q  Ỹ  D  Ữ  L  I  Ệ  U  R
Ì  R  N  I  V  A  H  T  Ả  C  Q  D  L  V
N  Ộ  I  C  T  C  H  B  H  O  B  Y  Y  I
H  B  L  O  G  A  M  P  D  U  U  L  P  R
D  V  T  N  N  N  G  A  V  T  Ậ  C  G  C
U  V  B  T  U  N  I  M  C  H  Ữ  T  H  U
Y  M  A  R  B  I  N  C  À  Ô  N  I  S  G
Ệ  Á  U  Ỏ  H  N  T  H  Ố  N  G  K  Ê  Ố
T  Y  Y  O  U  H  E  B  V  G  L  K  V  L
D  T  B  R  R  N  R  D  K  Đ  A  H  P  O
B  Í  M  Á  Y  Ả  N  H  T  I  H  M  P  P
K  N  N  K  R  N  E  L  P  Ệ  U  N  T  B
O  H  H  V  B  L  T  T  Ậ  P  T  I  N  Y
```

TẬP TIN	CHỮ
BLOG	INTERNET
NỘI	THÔNG ĐIỆP
MÁY ẢNH	TRÌNH DUYỆT
MÁY TÍNH	AN NINH
CON TRỎ	PHẦN MỀM
DỮ LIỆU	MÀN
KỸ THUẬT SỐ	ẢO
THỐNG KÊ	

92 - Arte

```
T  T  H  À  N  H  P  H  Ầ  N  I  R  N  D
R  Â  Đ  I  Ê  U  K  H  Ắ  C  U  T  U  L
Ự  M  O  Ơ  D  G  U  H  R  C  Y  O  L  T
C  T  R  U  N  G  T  H  Ự  C  H  H  D  H
Q  R  G  Ố  C  G  P  M  A  Ả  U  Ủ  V  O
U  Ạ  D  N  Y  B  I  N  B  M  M  P  Đ  H
A  N  L  H  U  K  V  Ả  Q  H  P  K  O  Ề
N  G  P  L  B  M  M  C  N  Ứ  H  Q  G  C
O  H  V  H  R  T  N  Y  H  N  Ứ  D  K  N
C  Á  N  H  Â  N  H  H  H  G  C  A  L  U
G  Ố  M  Y  R  L  V  Ơ  K  N  T  O  M  C
B  I  Ể  U  T  Ư  Ợ  N  G  Y  Ạ  Y  P  D
B  I  Ể  U  H  I  Ễ  N  R  P  P  Y  K  Y
V  M  G  Q  G  A  V  K  A  I  M  H  P  A
```

GỐM
PHỨC TẠP
THÀNH PHẦN
ĐIÊU KHẮC
BIỂU HIỆN
TRUNG THỰC
TÂM TRẠNG
CẢM HỨNG

GỐC
CÁ NHÂN
THƠ
ĐƠN GIẢN
BIỂU TƯỢNG
CHỦ ĐỀ
TRỰC QUAN

93 - Dinossauros

```
L  B  V  V  L  U  Ẩ  N  Q  U  Ẩ  N  G  H
K  Q  B  B  O  M  Ạ  N  H  M  Ẽ  A  U  B
T  Í  H  Y  R  I  I  T  P  C  Đ  U  Ô  I
I  B  C  T  A  O  M  N  I  V  O  R  E  Ế
Ế  P  Á  H  P  L  K  A  V  O  C  R  U  N
N  Q  N  Ờ  T  T  O  M  M  O  P  H  Y  M
H  V  H  I  O  H  P  À  R  Ú  N  R  K  Ấ
Ó  U  I  T  R  Y  Ư  L  I  A  T  Y  B  T
A  A  N  I  T  G  H  Ớ  Y  O  R  H  G  D
K  K  M  Ề  C  H  C  N  C  Y  Ẩ  V  V  P
A  L  R  N  B  Ò  S  Á  T  H  I  O  Q  I
D  T  R  S  U  A  N  V  V  M  Đ  A  Y  C
T  D  Q  Ử  L  P  M  P  A  O  Ấ  K  G  U
H  Ó  A  T  H  Ạ  C  H  C  N  T  O  P  T
```

CÁNH
ĐUÔI
BIẾN MẤT
LOÀI
TIẾN HÓA
HÓA THẠCH
LỚN
VOI MA MÚT

OMNIVORE
MẠNH MẼ
THỜI TIỀN SỬ
RAPTOR
BÒ SÁT
KÍCH THƯỚC
TRÁI ĐẤT
LUẨN QUẨN

94 - Esportes

```
N  G  Ờ  I  C  H  Ơ  I  S  K  I  M  B
V  Y  M  K  O  V  V  L  N  Â  O  R  G  O
N  M  T  K  H  Ú  C  C  Ô  N  C  Ầ  U  A
P  N  B  H  G  Q  R  P  P  V  P  C  H  T
H  A  Ó  Ó  Ể  M  I  A  H  Ậ  Q  R  H  A
O  S  N  U  N  D  P  P  H  N  B  M  L  Q
N  I  G  R  Y  G  Ụ  X  E  Đ  Ạ  P  M  C
G  U  R  T  T  D  C  C  Đ  Ộ  I  G  Y  B
T  M  Ổ  R  M  K  M  H  O  N  L  O  U  I
R  I  U  Ò  N  N  V  A  À  G  V  L  L  D
À  L  Ự  C  S  Ĩ  H  V  B  Y  G  F  M  D
O  K  C  H  Ứ  C  V  Ô  Đ  Ị  C  H  L  B
P  K  Y  Ơ  T  R  Ọ  N  G  T  À  I  Q  D
Q  U  K  I  Q  U  Ầ  N  V  Ợ  T  O  B  I
```

LỰC SĨ   GYMNASIUM
TRỌNG TÀI   THỂ DỤC
BÓNG RỔ   GOLF
BÓNG CHÀY   KHÚC CÔN CẦU
XE ĐẠP   NGƯỜI CHƠI
CHỨC VÔ ĐỊCH   TRÒ CHƠI
ĐỘI   PHONG TRÀO
SÂN VẬN ĐỘNG   QUẦN VỢT

95 - Comida # 2

```
S  B  T  R  Ứ  N  G  T  C  N  M  H  H  M
L  Ô  B  V  C  V  I  N  H  M  Y  C  L  H
Ú  N  C  H  U  Ố  I  M  R  G  L  Y  Q  H
A  G  À  Ô  Q  U  Ả  K  I  W  I  O  C  H
M  C  T  P  L  P  H  Ô  M  A  I  C  Á  A
Ì  Ả  B  K  D  A  V  Ạ  B  K  V  À  H  T
G  I  Ă  M  B  Ô  N  G  N  N  D  T  B  I
Ạ  X  M  S  V  Y  H  H  K  H  B  Í  R  S
O  A  I  Ữ  T  P  O  T  Q  K  N  M  O  Ô
Y  N  L  A  G  R  H  Q  C  À  C  H  U  A
M  H  U  C  N  B  V  T  L  U  M  A  Â  M
C  K  G  H  L  Ấ  H  L  B  Y  K  M  L  N
T  Á  O  U  U  H  M  H  U  K  G  K  A  P
R  V  N  A  Q  U  Ả  A  N  H  Đ  À  O  A
```

ATISÔ	SỮA CHUA
HẠNH NHÂN	QUẢ KIWI
GẠO	TÁO
CHUỐI	TRỨNG
CÀ TÍM	CÁ
BÔNG CẢI XANH	GIĂM BÔNG
QUẢ ANH ĐÀO	PHÔ MAI
SÔ CÔ LA	CÀ CHUA
NẤM	LÚA MÌ
GÀ	NHO

96 - Barcos

```
M  N  H  I  Đ  T  H  Ồ  S  Ó  N  G  B  L
Q  E  Ả  K  Ạ  H  R  M  X  K  D  L  I  A
O  O  I  C  I  Ủ  B  Q  Y  U  N  K  Ể  D
Y  A  L  A  D  Y  È  O  H  L  Ồ  R  N  Â
C  L  Ý  P  Ư  T  V  L  K  S  Ô  N  G  Y
K  Ộ  P  K  Ơ  R  A  D  D  O  C  K  G  T
O  C  T  C  N  I  Y  Y  U  Y  Q  G  H  H
R  O  O  B  G  Ề  U  T  T  I  Y  C  V  Ừ
N  H  Y  R  U  U  C  A  H  G  M  V  D  N
K  A  Y  A  K  Ồ  B  Q  U  Ủ  G  D  C  G
Đ  Ộ  N  G  C  Ơ  M  G  Y  K  Y  Y  V  Y
V  H  P  H  A  O  Y  A  Ề  P  H  T  G  C
V  M  H  N  D  N  Y  L  N  I  Y  R  H  Â
K  O  À  U  C  T  C  G  D  V  D  A  H  Ủ
```

NEO	BIỂN
PHÀ	THỦY TRIỀU
PHAO	THỦY THỦ
KAYAK	CỘT BUỒM
XUỒNG	ĐỘNG CƠ
DÂY THỪNG	HẢI LÝ
DOCK	ĐẠI DƯƠNG
DU THUYỀN	SÓNG
BÈ	SÔNG
HỒ	

97 - Outono

```
T  H  Ờ  I  T  I  Ế  T  K  H  Í  H  Ậ  U
Á  K  P  D  N  H  L  U  I  G  C  G  Q  H
O  A  T  H  I  Ê  N  N  H  I  Ê  N  T  Ạ
D  I  C  Ư  Â  S  Ư  Ơ  N  G  G  I  Á  T
T  A  C  O  R  N  Q  U  Ầ  N  Á  O  B  D
Y  H  M  Ù  A  T  H  Ể  Y  Q  M  M  O  Ẻ
V  R  Á  K  K  K  G  L  P  H  G  K  C  R
Y  Q  A  N  B  R  I  Ễ  A  B  C  N  C  N
R  G  U  R  G  I  T  H  I  H  O  H  B  D
H  T  G  L  K  R  B  Ộ  I  H  A  Y  Á  U
P  T  P  N  U  K  U  I  V  Y  M  N  T  Y
G  Y  P  R  Y  A  I  G  B  T  Q  B  I  D
Q  R  H  B  G  R  I  B  L  G  U  Y  P  K
U  O  P  L  Y  T  R  V  U  C  U  G  M  L
```

ACORN
HẠT DẺ
KHÍ HẬU
PHÂN
LỄ HỘI
SƯƠNG GIÁ
CHÁY
TÁO

THÁNG
DI CƯ
THIÊN NHIÊN
THỂ
QUẦN ÁO
MÙA
THỜI TIẾT

98 - Piratas

```
T M T X N N C V C G I Đ N P
P H R Ấ R H Ờ À D G K Ồ G D
H Q U U A H A N G I G N U B
I I Y Y R I U G H L I G Y Ã
H Q Ề O Ề P V L Đ Ả O X H I
À O N C Q N L L Ạ R A U I B
N K T I I M T R I R L V Ể I
H B H C Y N C R D U A H M Ể
Đ M U O O N B D Ư M B Q P N
O I Y Q B N M M Ơ Ở À U B M
À N Ế V G Á V B N Q N I C A
N O T S Ẹ O U Ẹ G U H G Q D
B Ả N Đ Ồ N E O T T H P A O
I T Y T H A N H K I Ế M D B
```

NEO
CỜ
LA BÀN
THUYỀN TRƯỞNG
HANG
SẸO
THANH KIẾM
ĐẢO
TRUYỀN THUYẾT
BẢN ĐỒ

XẤU
ĐỒNG XU
ĐẠI DƯƠNG
VÀNG
CON VẸT
NGUY HIỂM
BÃI BIỂN
RUM
KHO BÁU
PHI HÀNH ĐOÀN

99 - Mamíferos

```
N  L  B  O  M  Y  K  K  H  Y  D  P  C  V
N  G  Ạ  P  B  D  A  H  Ư  H  B  C  A  V
G  V  Ự  C  Ò  H  N  Ỉ  Ơ  I  D  Á  Ừ  K
Ự  G  B  A  Đ  Y  G  Đ  U  H  V  O  R  U
A  M  T  I  Ự  À  A  Ộ  C  O  N  M  È  O
V  T  N  N  C  D  R  T  A  I  V  U  U  Q
Ằ  Q  Y  H  Y  C  O  Y  O  T  E  V  N  U
N  U  V  C  Á  V  O  I  C  O  N  V  O  I
C  Y  B  H  Ả  I  L  Y  Ổ  O  D  K  T  Q
H  C  H  Ó  S  Ó  I  N  C  M  U  I  B  P
K  Á  B  U  Ư  G  C  N  H  H  H  K  P  K
M  H  O  B  T  K  H  D  O  G  T  B  H  R
B  E  L  I  Ử  V  R  C  L  K  H  Ỉ  R  K
C  O  O  O  K  H  C  M  O  Y  Ỏ  B  H  C
```

CÁ VOI
LẠC ĐÀ
KANGAROO
HẢI LY
NGỰA
CHÓ
THỎ
COYOTE
CON VOI
CON MÈO

HƯƠU CAO CỔ
CÁ HEO
KHỈ ĐỘT
SƯ TỬ
CHÓ SÓI
KHỈ
CỪU
CÁO
BÒ ĐỰC
NGỰA VẰN

100 - Atividades e Lazer

```
B  T  B  G  B  B  Q  Q  Y  R  U  B  R  Q
Ó  U  Q  O  V  C  Ơ  U  V  B  I  Y  K  B
N  M  L  L  U  Ắ  Y  I  Y  B  U  V  R  G
G  V  N  F  C  M  Q  K  L  Ề  C  A  T  A
Đ  Q  R  V  O  T  M  G  D  Ộ  N  D  B  S
Á  B  Ứ  C  T  R  A  N  H  A  I  A  Ó  Ở
B  V  Q  K  G  Ạ  T  H  Ư  G  I  Ã  N  T
L  L  N  L  B  I  U  A  H  I  C  H  G  H
M  O  G  Ặ  Ư  C  Â  U  C  Á  B  U  C  Í
I  M  A  N  V  Ớ  D  U  L  Ị  C  H  H  C
Q  U  Ầ  N  V  Ợ  T  L  Y  O  T  C  À  H
B  Ó  N  G  R  Ổ  M  C  T  Y  B  Y  Y  D
N  G  H  Ệ  T  H  U  Ậ  T  G  O  Y  L  C
M  U  C  M  D  L  À  M  V  Ư  Ờ  N  U  O
```

CẮM TRẠI
NGHỆ THUẬT
BÓNG RỔ
BÓNG CHÀY
QUYỀN ANH
BÓNG ĐÁ
GOLF
SỞ THÍCH
LÀM VƯỜN

LẶN
BƠI LỘI
CÂU CÁ
BỨC TRANH
THƯ GIÃN
LƯỚT
QUẦN VỢT
DU LỊCH

1 - Dirigindo

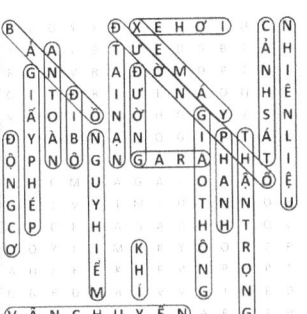

2 - Atividades

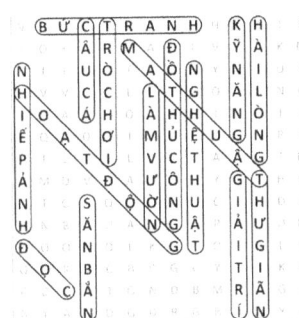

3 - Churrascos

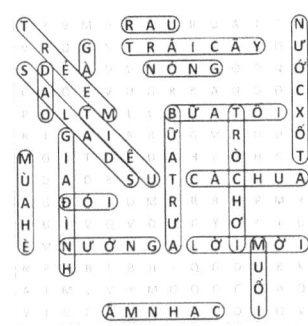

4 - Pesca

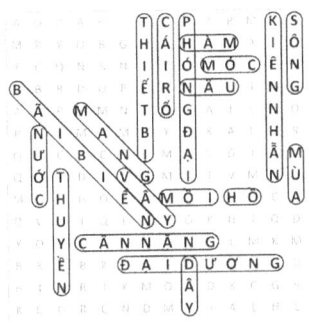

5 - Geologia

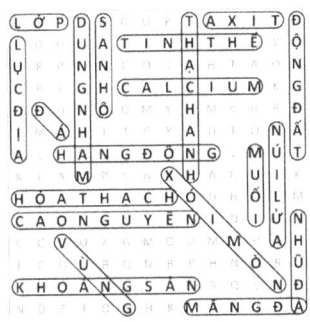

6 - Tempo

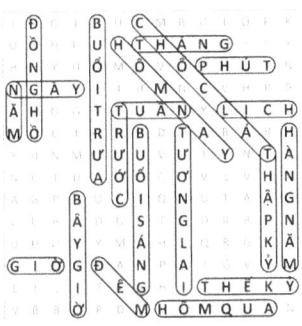

7 - Astronomia

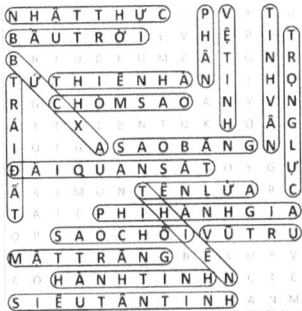

8 - Circo

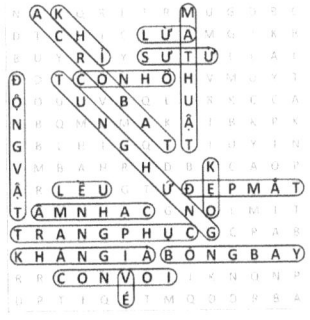

9 - Acampamento

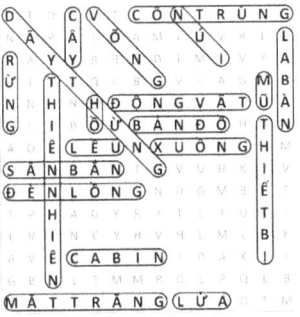

10 - Emoções

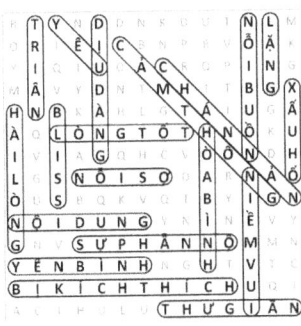

11 - Ficção Científica

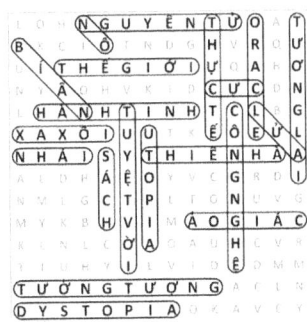

12 - Mitologia

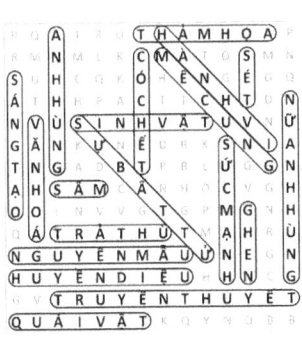

13 - Medições

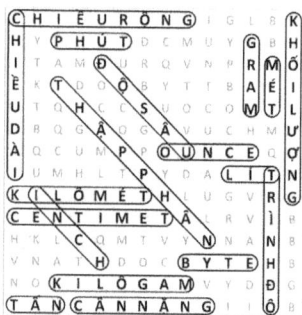

14 - Plantas

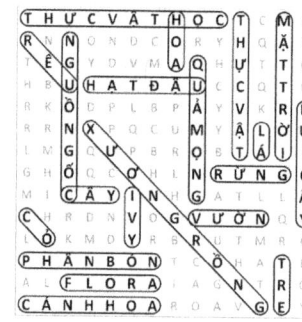

15 - Veículos

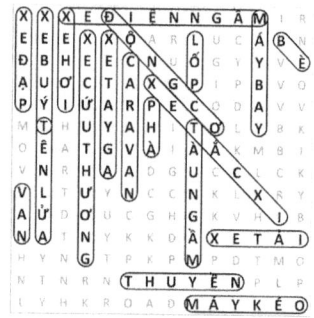

16 - Restaurante #2

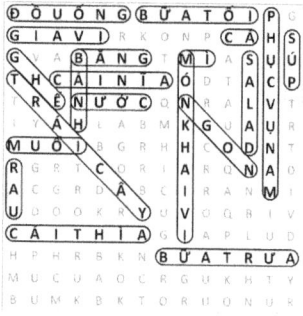

17 - Países #2

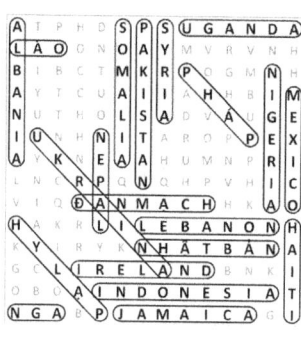

18 - Cozinha

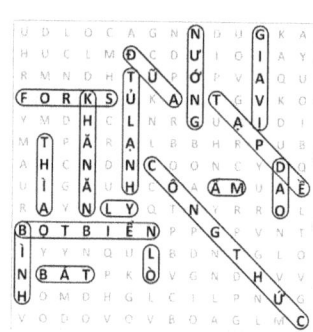

19 - Brinquedos

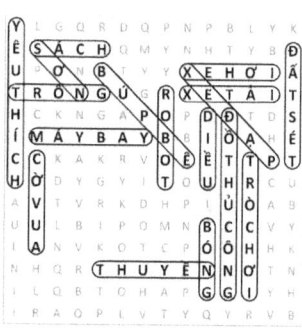

20 - Verão

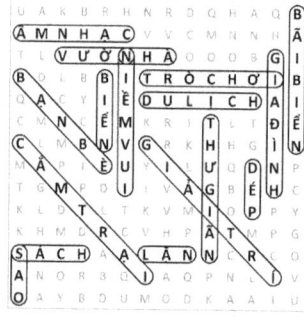

21 - Material de Arte

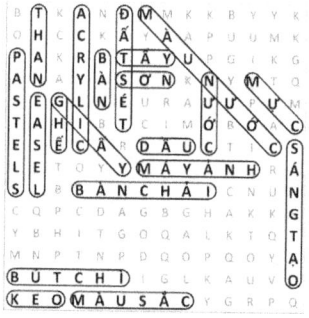

22 - Números

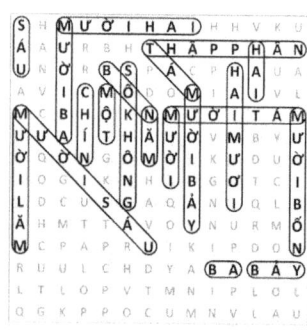

23 - Ferramentas

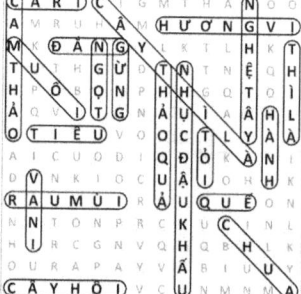

24 - Especiarias

25 - Aniversário

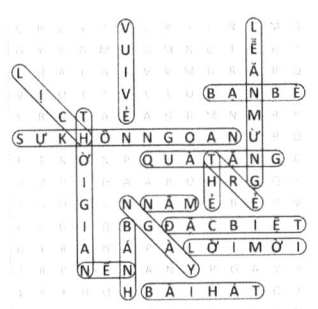

26 - Casa

27 - Vegetais

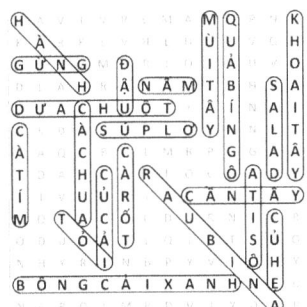

28 - Balé

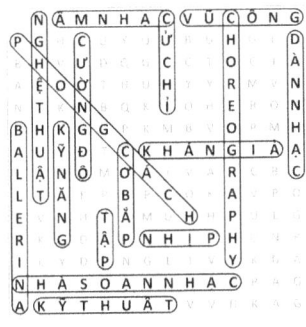

29 - Conservação

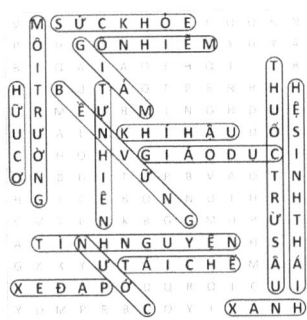

30 - Adjetivos #1

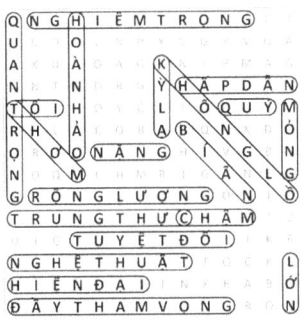

31 - Insetos

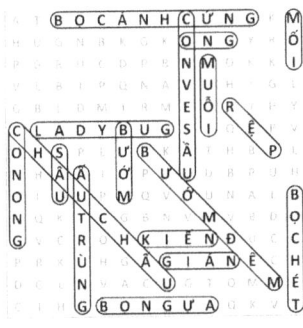

32 - Paisagens

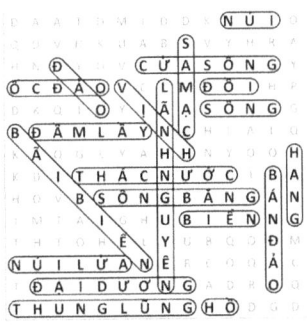

33 - Dança

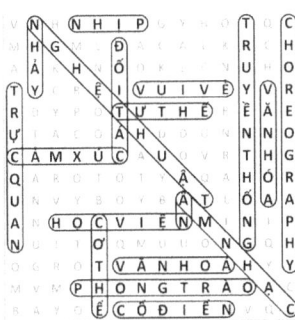

34 - Nutrição

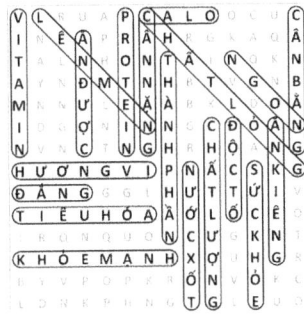

35 - Disciplinas Científicas

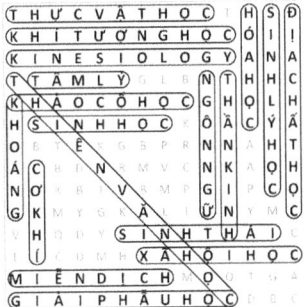

36 - Meditação

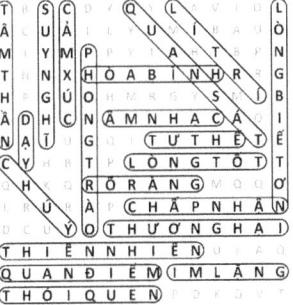

37 - Gatos

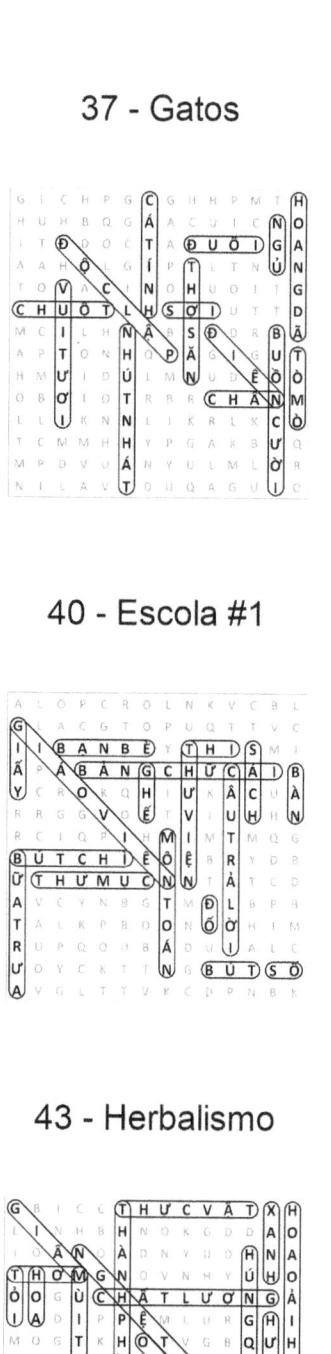

38 - Artes Visuais

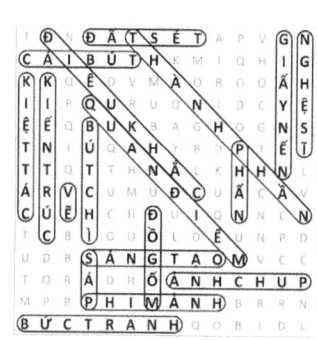

39 - Instrumentos Musicais

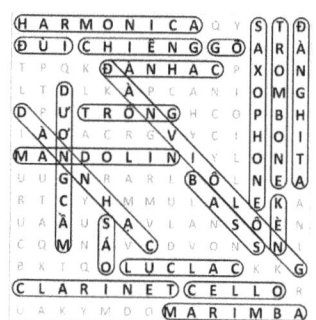

40 - Escola #1

41 - Adjetivos #2

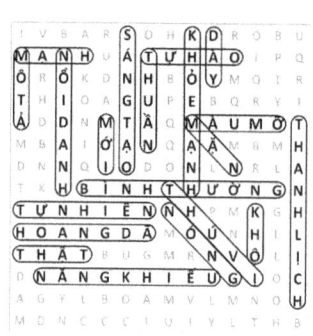

42 - Roupas

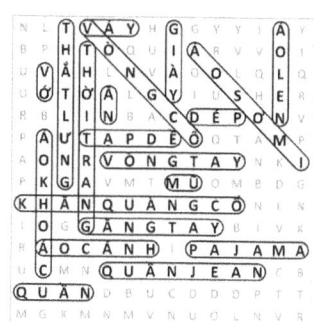

43 - Herbalismo

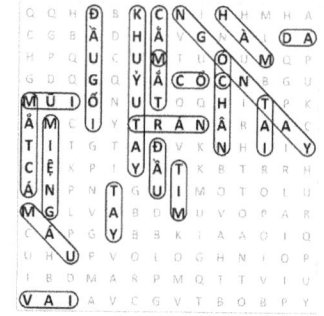

44 - Frutas

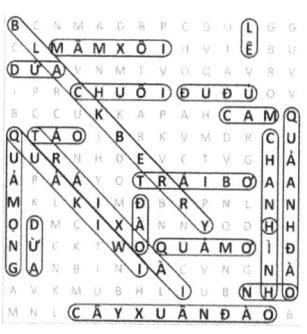

45 - Corpo Humano

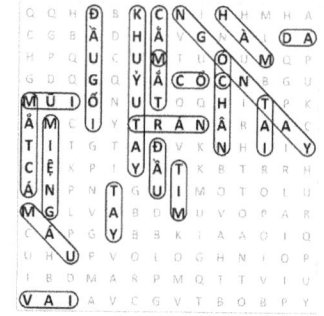

46 - Restaurante #1

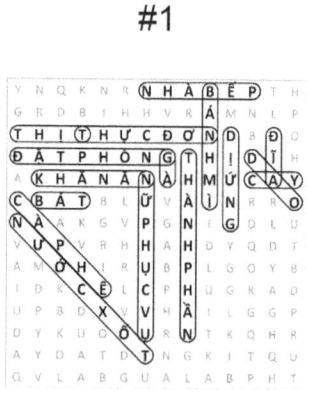

47 - Caminhada

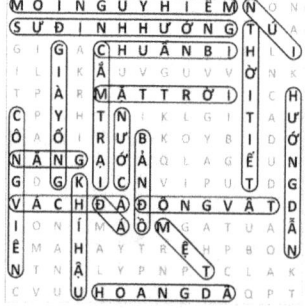

48 - Água

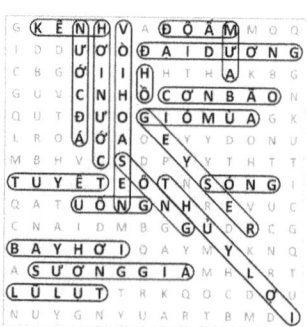

49 - Sons

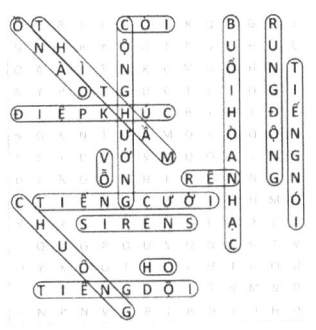

50 - Ecologia

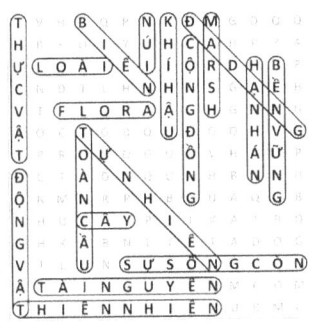

51 - Família

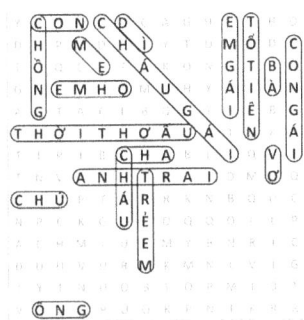

52 - Férias #2

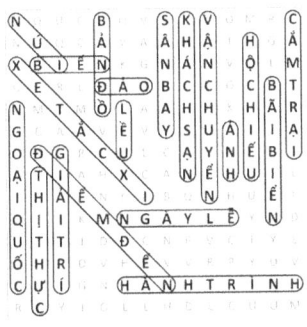

53 - Edifícios

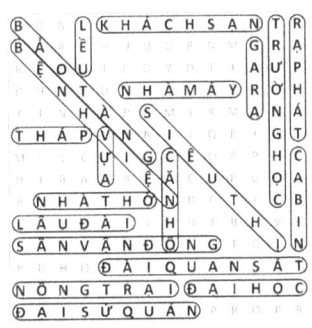

54 - Praia

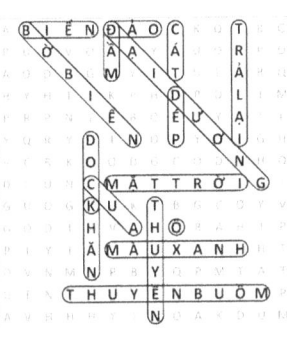

55 - Ferramentas de Cozinha

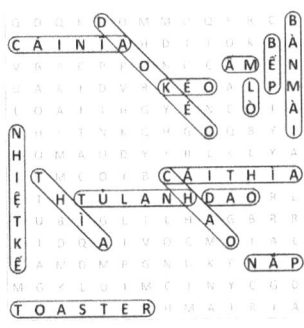

56 - Xadrez

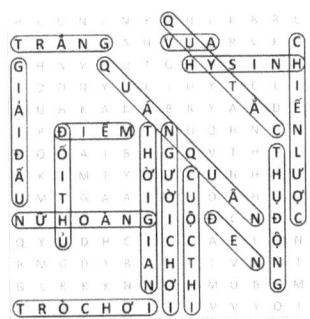

57 - Aventura

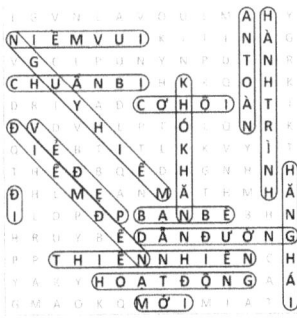

58 - Surf

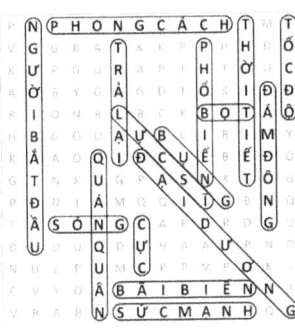

59 - Floresta Tropical

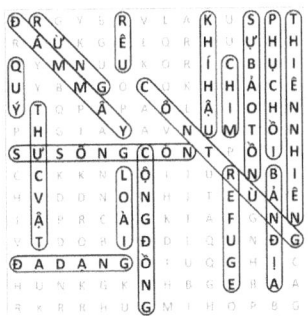

60 - Cidade

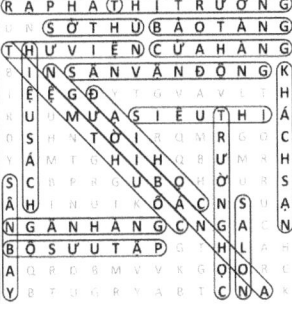

61 - Matemática

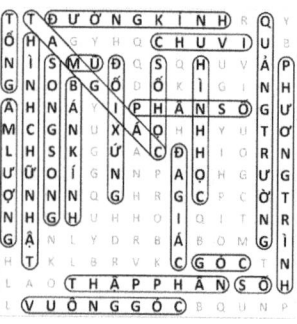

62 - Natureza

63 - Preencher

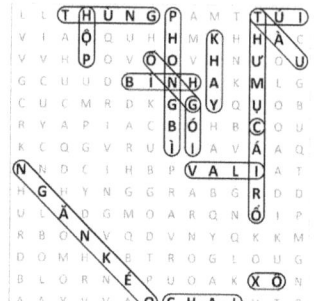

64 - Animais de Estimação

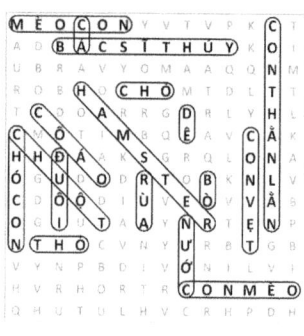

65 - Aviões

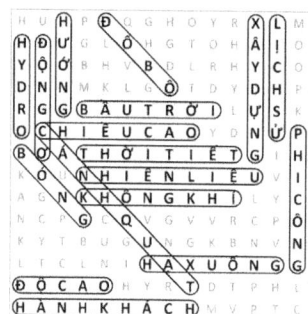

66 - Tipos de Cabelo

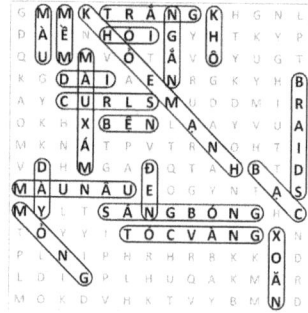

67 - Formas

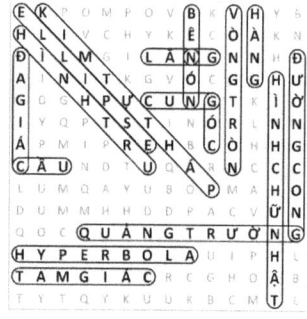

68 - Dias e Meses

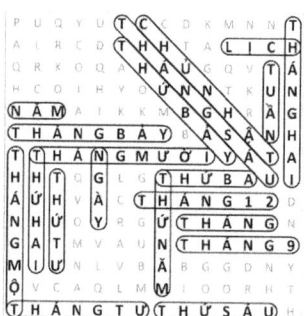

69 - Geografia

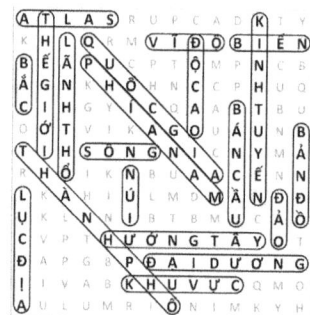

70 - Antártica

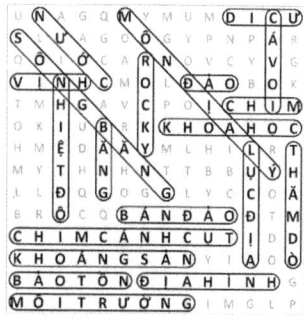

71 - Flores

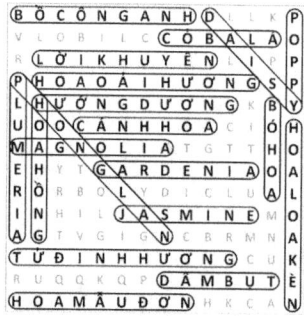

72 - Fazenda #1

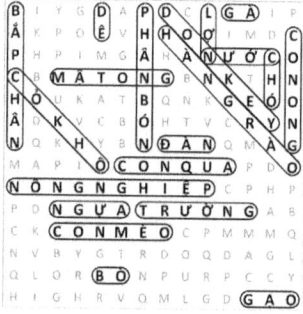

73 - Livros

BÓICẢNH · TIÊUTHUYÊT · TỦCTRANG · TÁCGIẢ · NGẢM · CỐLIÊNQUAN · LICHSỦ · SÁNGTAO · THƠ · KÊODÀI · NGƯỜIĐOC

74 - Chocolate

CALO · NGON · CHÂTLƯƠNG · THÀNHPHÂN · CARAMEL · CACAO · ĐẢNG

75 - Profissões #2

THỦTHƯ · NHẠSI · NÔNGDÂN · HOAKOK · BÁCSÌISO

76 - Fazenda #2

VITÔ · ĐÔNGCỎ · ÁRAU · SỮA · LÚAMACH · NÔNGDÂN · ĐÔNGVÂT

77 - Jardim

GARA · AO · HANGRÀO · VÒIE · CÂY · TÂMBAT · SÂNTHƯƠNG · CỎ · HOA

78 - Oceano

CÁHEO · CÂNGỦ · MUÔI · BACHTUÔC · TRAILAI · CÁ · RÙA · SANHÔ

79 - Profissões #1

BIÊNTÂPVIÊN · NGHÊSI · LUCSI · THƠMAY · LUÂTSƯ · LINHCƯUHỎA · NHÀKHOAHOC · BÁCSÌTHÚY · ĐAISƯ

80 - Castelos

THÁP · PHÁODÀI · ĐÊCHÊ · CÁIKHIÊN · TRIÊUĐAI · VƯƠNGMIÊN · CUNGĐIÊNGƯA · VƯƠNGQUÔC

81 - Escola # 2

BÚTCHI · BALO · MÁYTÍNH · TỪĐIÊN · GIÂY · TRÒCHƠI · GIÁOVIÊN · GIÁODUC · KÉO

82 - Abelhas

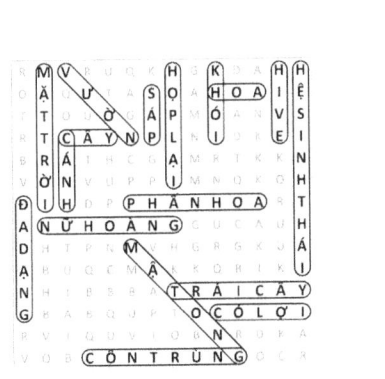

HOA · HIVE · CÂY · PHÂNHOA · NỮHOÀNG · TRÁICÂY · CÓLƠI · CÔNTRÙNG

83 - Banheiro

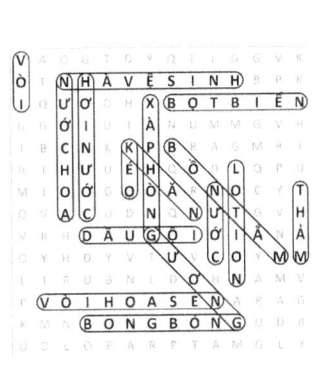

VÒI · NHÀVÊSINH · BÔTBIÊN · DÂUGÔI · VÒIHOASEN · BONGBÓNG

84 - Ciência

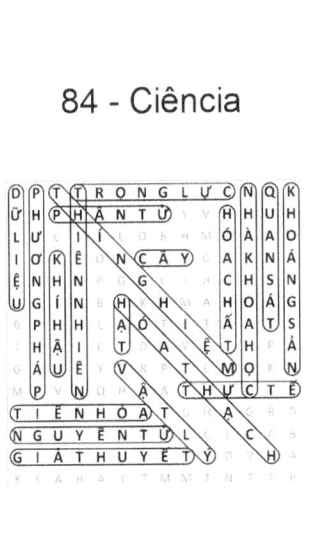

TRONGLƯC · PHÂNTỬ · CÂY · THƯCTÊ · TIÊNHÓA · NGUYÊNTỬ · GIẢTHUYÊT

85 - Cores

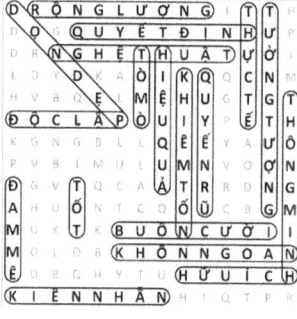

86 - Comida #1

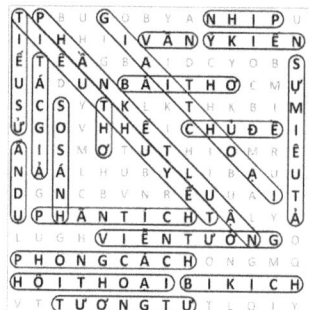

87 - Pássaros

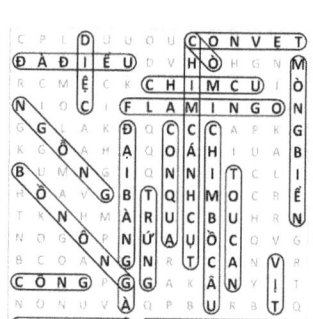

88 - Virtudes #1

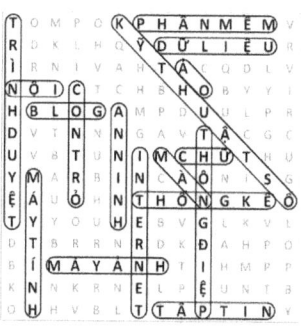

89 - Literatura

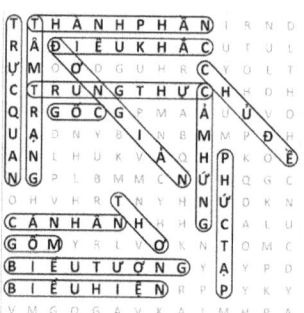

90 - Clima

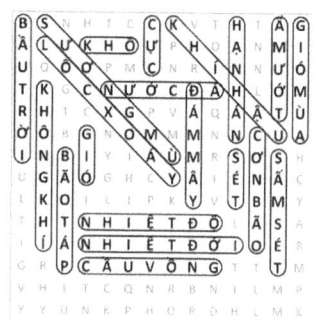

91 - Tecnologia

92 - Arte

93 - Dinossauros

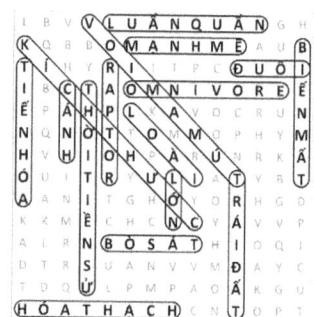

94 - Esportes

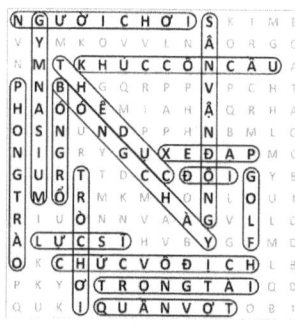

95 - Comida # 2

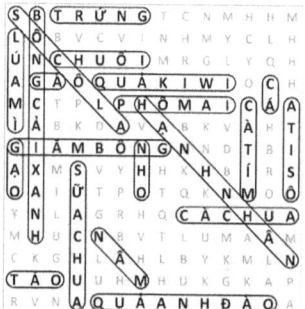

96 - Barcos

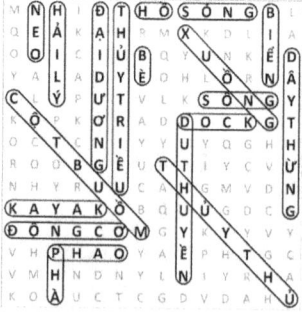

97 - Outono

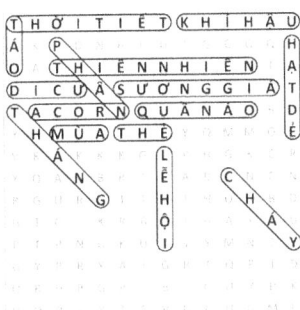

98 - Piratas

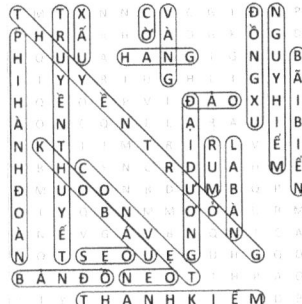

99 - Mamíferos

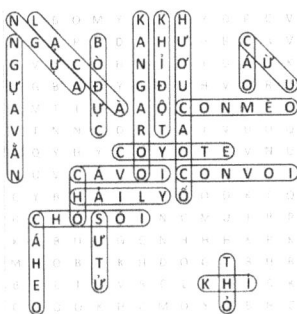

100 - Atividades e Lazer

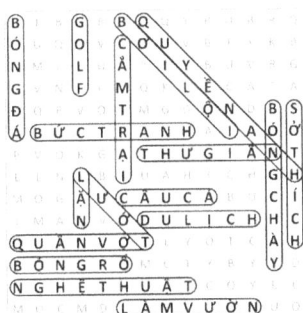

Dicionário

Abelhas
Những con Ong

Asas	Cánh
Benéfico	Có Lợi
Cera	Sáp
Colmeia	Hive
Diversidade	Đa Dạng
Ecossistema	Hệ Sinh Thái
Enxame	Họp Lại
Flores	Hoa
Fruta	Trái Cây
Fumaça	Khói
Inseto	Côn Trùng
Jardim	Vườn
Mel	Mật Ong
Plantas	Cây
Pólen	Phấn Hoa
Rainha	Nữ Hoàng
Sol	Mặt Trời

Acampamento
Cắm Trại

Animais	Động Vật
Árvores	Cây
Bússola	La Bàn
Cabine	Cabin
Caça	Săn Bắn
Canoa	Xuồng
Chapéu	Mũ
Corda	Dây Thừng
Equipamento	Thiết Bị
Floresta	Rừng
Fogo	Lửa
Inseto	Côn Trùng
Lago	Hồ
Lanterna	Đèn Lồng
Lua	Mặt Trăng
Maca	Võng
Mapa	Bản Đồ
Montanha	Núi
Natureza	Thiên Nhiên
Tenda	Lều

Adjetivos #1
Tính từ số 1

Absoluto	Tuyệt Đối
Ambicioso	Đầy Tham Vọng
Aromático	Thơm
Artístico	Nghệ Thuật
Atraente	Hấp Dẫn
Enorme	Khổng Lồ
Escuro	Tối
Exótico	Kỳ Lạ
Fino	Mỏng
Generoso	Rộng Lượng
Grande	Lớn
Honesto	Trung Thực
Importante	Quan Trọng
Lento	Chậm
Misterioso	Bí Ẩn
Moderno	Hiện Đại
Perfeito	Hoàn Hảo
Pesado	Nặng
Sério	Nghiêm Trọng
Valioso	Quý

Adjetivos #2
Tính từ số 2

Autêntico	Thật
Criativo	Sáng Tạo
Descritivo	Mô Tả
Dotado	Năng Khiếu
Elegante	Thanh Lịch
Famoso	Nổi Danh
Forte	Mạnh
Grosso	Dày
Interessante	Thú Vị
Natural	Tự Nhiên
Normal	Bình Thường
Novo	Mới
Orgulhoso	Tự Hào
Produtivo	Màu Mỡ
Puro	Thuần
Quente	Nóng
Salgado	Mặn
Saudável	Khỏe Mạnh
Seco	Khô
Selvagem	Hoang Dã

Animais de Estimação
Thú Cưng

Água	Nước
Cabra	Dê
Cachorro	Chó Con
Cauda	Đuôi
Cão	Chó
Coelho	Thỏ
Colarinho	Cổ Áo
Gatinho	Mèo Con
Gato	Con Mèo
Hamster	Hamster
Lagarto	Con Thằn Lằn
Mouse	Chuột
Papagaio	Con Vẹt
Peixe	Cá
Tartaruga	Rùa
Vaca	Bò
Veterinário	Bác sĩ thú Y

Aniversário
Ngày Sinh Nhật

Amigos	Bạn Bè
Ano	Năm
Bolo	Bánh
Calendário	Lịch
Canção	Bài Hát
Cartões	Thẻ
Celebração	Lễ ăn Mừng
Convites	Lời Mời
Dia	Ngày
Dom	Quà Tặng
Especial	Đặc Biệt
Feliz	Vui Vẻ
Jovem	Trẻ
Sabedoria	Sự Khôn Ngoan
Tempo	Thời Gian
Velas	Nến

Antártica
Nam Cực

Ambiente	Môi Trường
Água	Nước
Baía	Vịnh
Baleias	Cá Voi
Científico	Khoa Học
Conservação	Bảo Tồn
Continente	Lục Địa
Exploração	Thăm Dò
Geleiras	Sông Băng
Gelo	Băng
Geografia	Môn địa Lý
Ilhas	Đảo
Migração	Di Cư
Minerais	Khoáng Sản
Pássaros	Chim
Península	Bán Đảo
Pinguins	Chim Cánh Cụt
Rochoso	Rocky
Temperatura	Nhiệt Độ
Topografia	Địa Hình

Arte
Nghệ Thuật

Cerâmica	Gốm
Complexo	Phức Tạp
Composição	Thành Phần
Escultura	Điêu Khắc
Expressão	Biểu Hiện
Honesto	Trung Thực
Humor	Tâm Trạng
Inspirado	Cảm Hứng
Original	Gốc
Pessoal	Cá Nhân
Poesia	Thơ
Simples	Đơn Giản
Símbolo	Biểu Tượng
Sujeito	Chủ Đề
Visual	Trực Quan

Artes Visuais
Nghệ Thuật thị Giác

Argila	Đất Sét
Arquitetura	Kiến Trúc
Artista	Nghệ Sĩ
Caneta	Cái Bút
Cavalete	Vẽ
Cera	Sáp
Cerâmica	Đồ Gốm
Composição	Thành Phần
Criatividade	Sáng Tạo
Escultura	Điêu Khắc
Estêncil	Giấy Nến
Filme	Phim Ảnh
Fotografia	Ảnh Chụp
Giz	Phấn
Lápis	Bút Chì
Obra-Prima	Kiệt Tác
Perspectiva	Quan Điểm
Pintura	Bức Tranh
Retrato	Chân Dung

Astronomia
Thiên văn Học

Astronauta	Phi Hành Gia
Celestial	Thiên
Céu	Bầu Trời
Cometa	Sao Chổi
Constelação	Chòm Sao
Cosmos	Vũ Trụ
Eclipse	Nhật Thực
Equinócio	Phân
Foguete	Tên Lửa
Galáxia	Thiên Hà
Gravidade	Trọng Lực
Lua	Mặt Trăng
Meteoro	Sao Băng
Nebulosa	Tinh Vân
Observatório	Đài Quan Sát
Planeta	Hành Tinh
Radiação	Bức Xạ
Satélite	Vệ Tinh
Supernova	Siêu tân Tinh
Terra	Trái Đất

Atividades
Các Hoạt Động

Arte	Nghệ Thuật
Artesanato	Đồ thủ Công
Atividade	Hoạt Động
Caca	Săn Bắn
Fotografia	Nhiếp Ảnh
Habilidade	Kỹ Năng
Jardinagem	Làm Vườn
Jogos	Trò Chơi
Lazer	Giải Trí
Lendo	Đọc
Magia	Ma Thuật
Pesca	Câu Cá
Pintura	Bức Tranh
Prazer	Hài Lòng
Relaxamento	Thư Giãn

Atividades e Lazer
Và các Hoạt Động Giải Trí

Acampamento	Cắm Trại
Arte	Nghệ Thuật
Basquete	Bóng Rổ
Beisebol	Bóng Chày
Boxe	Quyền Anh
Futebol	Bóng Đá
Golfe	Golf
Hobbies	Sở Thích
Jardinagem	Làm Vườn
Mergulho	Lặn
Natação	Bơi Lội
Pesca	Câu Cá
Pintura	Bức Tranh
Relaxante	Thư Giãn
Surfe	Lướt
Tênis	Quần Vợt
Viagem	Du Lịch
Voleibol	Bóng Chuyền

Aventura
Cuộc Phiêu Lưu

Alegria	Niềm Vui
Amigos	Bạn Bè
Atividade	Hoạt Động
Beleza	Vẻ Đẹp
Chance	Cơ Hội
Destino	Điểm Đến
Dificuldade	Khó Khăn
Entusiasmo	Hăng Hái
Itinerário	Hành Trình
Natureza	Thiên Nhiên
Navegação	Dẫn Đường
Novo	Mới
Perigoso	Nguy Hiểm
Preparação	Chuẩn Bị
Segurança	An Toàn
Viagens	Đi

Aviões
Máy Bay

Altitude	Độ Cao
Altura	Chiều Cao
Ar	Không Khí
Aterrissagem	Đổ Bộ
Balão	Bóng
Céu	Bầu Trời
Combustível	Nhiên Liệu
Construção	Xây Dựng
Descida	Hạ Xuống
Direção	Hướng
Hélices	Cánh Quạt
Hidrogênio	Hydro
História	Lịch Sử
Motor	Động Cơ
Passageiro	Hành Khách
Piloto	Phi Công
Tempo	Thời Tiết
Tripulação	Phi Hành Đoàn
Turbulência	Nhiễu Loạn

Água
Nước

Canal	Kênh
Chuva	Mưa
Chuveiro	Vòi hoa Sen
Evaporação	Bay Hơi
Furacão	Cơn Bão
Geada	Sương Giá
Gelo	Nước Đá
Geyser	Geyser
Inundação	Lũ Lụt
Irrigação	Thủy Lợi
Lago	Hồ
Monção	Gió Mùa
Neve	Tuyết
Oceano	Đại Dương
Ondas	Sóng
Potável	Uống
Rio	Sông
Umidade	Độ Ẩm
Vapor	Hơi Nước

Balé
Vở Ballet

Artístico	Nghệ Thuật
Bailarina	Ballerina
Compositor	Nhà Soạn Nhạc
Coreografia	Choreography
Dançarinos	Vũ Công
Estilo	Phong Cách
Gesto	Cử Chỉ
Habilidade	Kỹ Năng
Intensidade	Cường Độ
Músculos	Cơ Bắp
Música	Âm Nhạc
Orquestra	Dàn Nhạc
Prática	Tập
Público	Khán Giả
Ritmo	Nhịp
Técnica	Kỹ Thuật

Banheiro
Phòng Tắm

Água	Nước
Banheiro	Nhà vệ Sinh
Banho	Bồn Tắm
Bolhas	Bong Bóng
Chuveiro	Vòi hoa Sen
Espelho	Gương
Esponja	Bọt Biển
Loção	Lotion
Perfume	Nước Hoa
Sabão	Xà Phòng
Tapete	Thảm
Tesoura	Kéo
Toalha	Khăn
Torneira	Vòi
Vapor	Hơi Nước
Xampu	Dầu Gội

Barcos
Thuyền

Âncora	Neo
Balsa	Phà
Bóia	Phao
Caiaque	Kayak
Canoa	Xuồng
Corda	Dây Thừng
Doca	Dock
Iate	Du Thuyền
Jangada	Bè
Lago	Hồ
Mar	Biển
Maré	Thủy Triều
Marinheiro	Thủy Thủ
Mastro	Cột Buồm
Motor	Động Cơ
Náutico	Hải Lý
Oceano	Đại Dương
Ondas	Sóng
Rio	Sông
Tripulação	Phi Hành Đoàn

Brinquedos
Đồ Chơi

Argila	Đất Sét
Artesanato	Đồ thủ Công
Avião	Máy Bay
Barco	Thuyền
Bateria	Trống
Bicicleta	Xe Đạp
Bola	Bóng
Boneca	Búp Bê
Caminhão	Xe Tải
Carro	Xe Hơi
Favorito	Yêu Thích
Jogos	Trò Chơi
Livros	Sách
Pipa	Diều
Robô	Robot
Tintas	Sơn
Xadrez	Cờ Vua

Caminhada
Đi bộ Đường Dài

Acampamento	Cắm Trại
Animais	Động Vật
Água	Nước
Botas	Giày Ống
Cansado	Mệt
Clima	Khí Hậu
Guias	Hướng Dẫn
Mapa	Bản Đồ
Montanha	Núi
Natureza	Thiên Nhiên
Orientação	Sự Định Hướng
Parques	Công Viên
Pedras	Đá
Penhasco	Vách Đá
Perigos	Mối Nguy Hiểm
Pesado	Nặng
Preparação	Chuẩn Bị
Selvagem	Hoang Dã
Sol	Mặt Trời
Tempo	Thời Tiết

Casa
Nhà Ở

Biblioteca	Thư Viện
Cerca	Hàng Rào
Chaves	Chìa Khóa
Chuveiro	Vòi hoa Sen
Cortinas	Rèm Cửa
Cozinha	Nhà Bếp
Espelho	Gương
Garagem	Ga-Ra
Janela	Cửa Sổ
Jardim	Vườn
Lareira	Lò Sưởi
Mobiliário	Đồ nội Thất
Parede	Tường
Porta	Cửa
Quarto	Phòng
Sótão	Gác Xép
Tapete	Thảm
Teto	Trần
Torneira	Vòi
Vassoura	Chổi

Castelos
Lâu Đài

Armadura	Áo Giáp
Catapulta	Catapult
Cavaleiro	Hiệp Sĩ
Cavalo	Ngựa
Coroa	Vương Miện
Dinastia	Triều Đại
Dragão	Rồng
Escudo	Cái Khiên
Espada	Thanh Kiếm
Feudal	Phong Kiến
Fortaleza	Pháo Đài
Império	Đế Chế
Nobre	Noble
Palácio	Cung Điện
Parede	Tường
Princesa	Công Chúa
Príncipe	Hoàng Tử
Reino	Vương Quốc
Torre	Tháp
Unicórnio	Kỳ Lân

Chocolate
Sô-Cô-La

Açúcar	Đường
Amargo	Đắng
Amendoins	Đậu Phộng
Antioxidante	Antioxidant
Aroma	Thơm
Cacau	Cacao
Calorias	Calo
Caramelo	Caramel
Coco	Dừa
Delicioso	Ngon
Doce	Ngọt
Exótico	Kỳ Lạ
Favorito	Yêu Thích
Gosto	Vị
Ingrediente	Thành Phần
Pó	Bột
Qualidade	Chất Lượng
Receita	Công Thức
Sabor	Hương Vị

Churrascos
Ăn Thịt Nướng

Almoço	Bữa Trưa
Convite	Lời Mời
Crianças	Trẻ Em
Facas	Dao
Família	Gia Đình
Fome	Đói
Frango	Gà
Fruta	Trái Cây
Grelha	Nướng
Jantar	Bữa Tối
Jogos	Trò Chơi
Legumes	Rau
Molho	Nước Xốt
Música	Âm Nhạc
Pimenta	Tiêu
Quente	Nóng
Sal	Muối
Saladas	Salads
Tomates	Cà Chua
Verão	Mùa Hè

Cidade
Thị Trấn

Aeroporto	Sân Bay
Banco	Ngân Hàng
Biblioteca	Thư Viện
Escola	Trường Học
Estádio	Sân vận Động
Farmácia	Tiệm Thuốc
Florista	Người bán Hoa
Galeria	Bộ sưu Tập
Hotel	Khách Sạn
Jardim Zoológico	Sở Thú
Livraria	Hiệu Sách
Loja	Cửa Hàng
Mercado	Thị Trường
Museu	Bảo Tàng
Salão	Salon
Supermercado	Siêu Thị
Teatro	Rạp Hát
Universidade	Đại Học

Ciência
Khoa Học

Átomo	Nguyên Tử
Cientista	Nhà Khoa Học
Clima	Khí Hậu
Dados	Dữ Liệu
Evolução	Tiến Hóa
Experiência	Thí Nghiệm
Fato	Thực Tế
Física	Vật Lý
Fóssil	Hóa Thạch
Gravidade	Trọng Lực
Hipótese	Giả Thuyết
Método	Phương Pháp
Minerais	Khoáng Sản
Moléculas	Phân Tử
Natureza	Thiên Nhiên
Observação	Quan Sát
Partículas	Hạt
Plantas	Cây
Químico	Hóa Chất

Circo
Rạp Xiếc

Acrobata	Acrobat
Animais	Động Vật
Balões	Bóng Bay
Bilhete	Vé
Doce	Kẹo
Elefante	Con Voi
Espectador	Khán Giả
Espetacular	Đẹp Mắt
Leão	Sư Tử
Macaco	Khỉ
Magia	Ma Thuật
Malabarista	Tung Hứng
Música	Âm Nhạc
Tenda	Lều
Tigre	Con Hổ
Traje	Trang Phục
Truque	Lừa

Clima
Thời Tiết

Arco-Íris	Cầu Vồng
Atmosfera	Không Khí
Céu	Bầu Trời
Clima	Khí Hậu
Furacão	Cơn Bão
Gelo	Nước Đá
Monção	Gió Mùa
Nevoeiro	Sương Mù
Nuvem	Đám Mây
Polar	Cực
Relâmpago	Sét
Seca	Hạn Hán
Seco	Khô
Temperatura	Nhiệt Độ
Tempestade	Bão Táp
Tornado	Lốc Xoáy
Tropical	Nhiệt Đới
Trovão	Sấm Sét
Úmido	Ẩm Ướt
Vento	Gió

Comida # 2
Thực Phẩm #2

Alcachofra	Atisô
Amêndoa	Hạnh Nhân
Arroz	Gạo
Banana	Chuối
Beringela	Cà Tím
Brócolis	Bông cải Xanh
Cereja	Quả anh Đào
Chocolate	Sô cô La
Cogumelo	Nấm
Frango	Gà
Iogurte	Sữa Chua
Kiwi	Quả Kiwi
Maçã	Táo
Ovo	Trứng
Peixe	Cá
Presunto	Giăm Bông
Queijo	Phô Mai
Tomate	Cà Chua
Trigo	Lúa Mì
Uva	Nho

Comida #1
Thực Phẩm #1

Açúcar	Đường
Alho	Tỏi
Amendoim	Đậu Phụng
Atum	Cá Ngừ
Bolo	Bánh
Canela	Quế
Cebola	Hành
Cenoura	Cà Rốt
Cevada	Lúa Mạch
Damasco	Quả Mơ
Espinafre	Rau Bina
Leite	Sữa
Limão	Chanh
Manjericão	Húng Quế
Morango	Dâu Tây
Nabo	Củ Cải
Sal	Muối
Salada	Salad
Sopa	Súp
Suco	Nước Ép

Conservação
Bảo Tồn

Ambiental	Môi Trường
Água	Nước
Ciclo	Xe Đạp
Clima	Khí Hậu
Ecossistema	Hệ Sinh Thái
Educação	Giáo Dục
Natural	Tự Nhiên
Orgânico	Hữu Cơ
Pesticida	Thuốc trừ Sâu
Poluição	Ô Nhiễm
Reciclar	Tái Chế
Reduzir	Giảm
Saúde	Sức Khỏe
Sustentável	Bền Vững
Verde	Xanh
Voluntário	Tình Nguyện

Cores
Màu Sắc

Amarelo	Màu Vàng
Azul	Màu Xanh
Bege	Màu Be
Branco	Trắng
Cinza	Xám
Fuchsia	Fuchsia
Laranja	Cam
Magenta	Magenta
Marrom	Màu Nâu
Preto	Đen
Rosa	Hồng
Roxo	Màu Tím
Sépia	Nâu Đỏ
Verde	Xanh
Vermelho	Đỏ

Corpo Humano
Cơ thể con Người

Boca	Miệng
Cabeça	Đầu
Cérebro	Óc
Coração	Tim
Cotovelo	Khuỷu Tay
Dedo	Ngón Tay
Joelho	Đầu Gối
Mandíbula	Hàm
Mão	Tay
Nariz	Mũi
Olho	Mắt
Ombro	Vai
Orelha	Tai
Pele	Da
Perna	Chân
Pescoço	Cổ
Queixo	Cằm
Sangue	Máu
Testa	Trán
Tornozelo	Mắt Cá

Cozinha
Phòng Bếp

Avental	Tạp Dề
Chaleira	Ấm
Colheres	Thìa
Cups	Ly
Especiarias	Gia Vị
Esponja	Bọt Biển
Facas	Dao
Forno	Lò
Garfos	Forks
Geladeira	Tủ Lạnh
Grelha	Nướng
Guardanapo	Khăn Ăn
Jarro	Bình
Pauzinhos	Đũa
Receita	Công Thức
Tigela	Bát

Dança
Nhảy

Academia	Học Viện
Alegre	Vui Vẻ
Arte	Nghệ Thuật
Clássico	Cổ Điển
Coreografia	Choreography
Corpo	Cơ Thể
Cultura	Văn Hoá
Cultural	Văn Hóa
Emoção	Cảm Xúc
Graça	Ân
Movimento	Phong Trào
Música	Âm Nhạc
Parceiro	Đối Tác
Postura	Tư Thế
Ritmo	Nhịp
Saltar	Nhảy
Tradicional	Truyền Thống
Visual	Trực Quan

Dias e Meses
Ngày và Tháng

Abril	Tháng Tư
Agosto	Ngày
Ano	Năm
Calendário	Lịch
Dezembro	Tháng 12
Domingo	Chủ Nhật
Fevereiro	Tháng Hai
Janeiro	Tháng Một
Julho	Tháng Bảy
Junho	Tháng Sáu
Mês	Tháng
Outubro	Tháng Mười
Quarta-Feira	Thứ Tư
Quinta-Feira	Thứ Năm
Sábado	Thứ Bảy
Segunda-Feira	Thứ Hai
Semana	Tuần
Setembro	Tháng 9
Sexta-Feira	Thứ Sáu
Terça	Thứ Ba

Dinossauros
Loài Khủng Long

Asas	Cánh
Cauda	Đuôi
Desaparecimento	Biến Mất
Espécies	Loài
Evolução	Tiến Hóa
Fósseis	Hóa Thạch
Grande	Lớn
Mamute	Voi ma Mút
Onívoro	Omnivore
Poderoso	Mạnh Mẽ
Pré-Histórico	Thời Tiền Sử
Raptor	Raptor
Réptil	Bò Sát
Tamanho	Kích Thước
Terra	Trái Đất
Vicioso	Luẩn Quẩn

Dirigindo
Điều Khiển

Acidente	Tai Nạn
Carro	Xe Hơi
Combustível	Nhiên Liệu
Cuidado	Thận Trọng
Estrada	Đường
Freios	Phanh
Garagem	Ga-Ra
Gás	Khí
Licença	Giấy Phép
Mapa	Bản Đồ
Motocicleta	Xe Máy
Motor	Động Cơ
Pedestre	Đi Bộ
Perigo	Nguy Hiểm
Polícia	Cảnh Sát
Rua	Đường Phố
Segurança	An Toàn
Transporte	Vận Chuyển
Tráfego	Giao Thông
Túnel	Đường Hầm

Disciplinas Científicas
Các Ngành Khoa Học

Anatomia	Giải Phẫu Học
Arqueologia	Khảo cổ Học
Astronomia	Thiên văn Học
Biologia	Sinh Học
Bioquímica	Hóa Sinh
Botânica	Thực vật Học
Cinesiologia	Kinesiology
Ecologia	Sinh Thái
Fisiologia	Sinh lý Học
Geologia	Địa Chất Học
Imunologia	Miễn Dịch
Linguística	Ngôn Ngữ
Mecânica	Cơ Khí
Meteorologia	Khí Tượng Học
Mineralogia	Khoáng
Neurologia	Thần Kinh
Psicologia	Tâm Lý
Química	Hóa Học
Sociologia	Xã hội Học
Zoologia	Động vật Học

Ecologia
Sinh Thái Học

Clima	Khí Hậu
Comunidades	Cộng Đồng
Diversidade	Đa Dạng
Espécies	Loài
Fauna	Động Vật
Flora	Flora
Global	Toàn Cầu
Marinho	Biển
Montanhas	Núi
Natural	Tự Nhiên
Natureza	Thiên Nhiên
Pântano	Marsh
Plantas	Cây
Recursos	Tài Nguyên
Seca	Hạn Hán
Sobrevivência	Sự Sống Còn
Sustentável	Bền Vững
Vegetação	Thực Vật

Edifícios
Các tòa Nhà

Apartamento	Căn Hộ
Cabine	Cabin
Castelo	Lâu Đài
Catedral	Nhà Thờ
Celeiro	Vựa
Embaixada	Đại sứ Quán
Escola	Trường Học
Estádio	Sân vận Động
Fazenda	Nông Trại
Fábrica	Nhà Máy
Garagem	Ga-Ra
Hospital	Bệnh Viện
Hotel	Khách Sạn
Museu	Bảo Tàng
Observatório	Đài Quan Sát
Supermercado	Siêu Thị
Teatro	Rạp Hát
Tenda	Lều
Torre	Tháp
Universidade	Đại Học

Emoções
Những cảm Xúc

Alegria	Niềm Vui
Amor	Yêu
Animado	Bị Kích Thích
Bem-Aventurança	Bliss
Bondade	Lòng Tốt
Calmo	Lặng
Conteúdo	Nội Dung
Envergonhado	Xấu Hổ
Grato	Tri Ân
Medo	Nỗi Sợ
Paz	Hòa Bình
Raiva	Sự Phẫn Nộ
Relaxado	Thư Giãn
Satisfeito	Hài Lòng
Simpatia	Cảm Thông
Ternura	Dịu Dàng
Tédio	Chán Nản
Tranquilidade	Yên Bình
Tristeza	Nỗi Buồn

Escola # 2
Trường học số 2

Acadêmico	Học
Amigos	Bạn Bè
Atividades	Hoạt Động
Biblioteca	Thư Viện
Calendário	Lịch
Ciência	Khoa Học
Computador	Máy Tính
Dicionário	Từ Điển
Educação	Giáo Dục
Gramática	Ngữ Pháp
Jogos	Trò Chơi
Lápis	Bút Chì
Leitura	Đọc
Literatura	Văn Học
Livros	Sách
Matemática	Môn Toán
Mochila	Ba Lô
Papel	Giấy
Professor	Giáo Viên
Tesoura	Kéo

Escola #1
Trường học số 1

Alfabeto	Bảng chữ Cái
Almoço	Bữa Trưa
Amigos	Bạn Bè
Biblioteca	Thư Viện
Cadeira	Ghế
Canetas	Bút
Exames	Thi
Lápis	Bút Chì
Livros	Sách
Matemática	Môn Toán
Mesa	Bàn
Números	Số
Papel	Giấy
Pastas	Thư Mục
Professor	Giáo Viên
Questionário	Đố
Respostas	Câu trả Lời

Especiarias
Gia Vị

Açafrão	Nghệ Tây
Alcaçuz	Cam Thảo
Alho	Tỏi
Amargo	Đắng
Anis	Cây Hồi
Azedo	Chua
Baunilha	Vani
Canela	Quế
Cardamomo	Thảo Quả
Caril	Cà Ri
Cebola	Hành
Coentro	Rau Mùi
Cominho	Cây thì Là
Doce	Ngọt
Funcho	Thì Là
Gengibre	Gừng
Noz-Moscada	Nhục đậu Khấu
Pimenta	Tiêu
Sabor	Hương Vị
Sal	Muối

Esportes
Các môn thể Thao

Atleta	Lực Sĩ
Árbitro	Trọng Tài
Basquete	Bóng Rổ
Beisebol	Bóng Chày
Bicicleta	Xe Đạp
Campeonato	Chức vô Địch
Equipe	Đội
Estádio	Sân vận Động
Ginásio	Gymnasium
Ginástica	Thể Dục
Golfe	Golf
Hóquei	Khúc côn Cầu
Jogador	Người Chơi
Jogo	Trò Chơi
Movimento	Phong Trào
Tênis	Quần Vợt

Família
Gia Đình

Antepassado	Tổ Tiên
Avó	Bà
Avô	Ông
Criança	Con
Crianças	Trẻ Em
Esposa	Vợ
Filha	Con Gái
Infância	Thời thơ Ấu
Irmã	Em Gái
Irmão	Anh Trai
Marido	Chồng
Mãe	Mẹ
Pai	Cha
Primo	Em Họ
Sobrinha	Cháu Gái
Sobrinho	Cháu
Tia	Dì
Tio	Chú

Fazenda #1
Trang Trại số 1

Abelha	Con Ong
Agricultura	Nông Nghiệp
Arroz	Gạo
Água	Nước
Bezerro	Bắp Chân
Burro	Donkey
Cabra	Dê
Campo	Trường
Cavalo	Ngựa
Cão	Chó
Cerca	Hàng Rào
Corvo	Con Quạ
Feno	Cỏ Khô
Fertilizante	Phân Bón
Frango	Gà
Gato	Con Mèo
Mel	Mật Ong
Porco	Lợn
Rebanho	Đàn
Vaca	Bò

Fazenda #2
Trang Trại số 2

Agricultor	Nông Dân
Animais	Động Vật
Celeiro	Vựa
Cevada	Lúa Mạch
Colmeia	Tổ Ong
Fruta	Trái Cây
Ganso	Ngỗng
Irrigação	Thủy Lợi
Leite	Sữa
Maduro	Chín
Milho	Ngô
Ovelha	Cừu
Pato	Vịt
Pomar	Thẻ
Prado	Đồng Cỏ
Trator	Máy Kéo
Trigo	Lúa Mì
Vegetal	Rau

Ferramentas
Công Cụ

Alicate	Kìm
Cabo	Cáp
Cola	Keo
Corda	Dây Thừng
Escada	Thang
Faca	Dao
Grampeador	Giấy
Machado	Rìu
Malho	Vồ
Martelo	Búa
Navalha	Dao Cạo
Parafuso	Vít
Pá	Xẻng
Roda	Bánh Xe
Tesoura	Kéo
Tocha	Ngọn Đuốc

Ferramentas de Cozinha
Dụng cụ nấu Ăn

Chaleira	Ấm
Coador	Chao
Colher	Cái Thìa
Espátula	Thìa
Faca	Dao
Fogão	Bếp
Forno	Lò
Garfo	Cái Nĩa
Geladeira	Tủ Lạnh
Ralador	Bàn Mài
Talheres	Dao Kéo
Tampa	Nắp
Termômetro	Nhiệt Kế
Tesoura	Kéo
Torradeira	Toaster

Férias #2
Kỳ Nghỉ số 2

Acampamento	Cắm Trại
Aeroporto	Sân Bay
Destino	Điểm Đến
Estrangeiro	Ngoại Quốc
Feriado	Ngày Lễ
Fotos	Ảnh
Hotel	Khách Sạn
Ilha	Đảo
Lazer	Giải Trí
Mapa	Bản Đồ
Mar	Biển
Montanhas	Núi
Passaporte	Hộ Chiếu
Praia	Bãi Biển
Táxi	Xe tắc Xi
Tenda	Lều
Transporte	Vận Chuyển
Viagem	Hành Trình
Visto	Thị Thực

Ficção Científica
Khoa học Viễn Tưởng

Atómico	Nguyên Tử
Clones	Nhái
Distante	Xa Xôi
Distopia	Dystopia
Explosão	Nổ
Extremo	Cực
Fantástico	Tuyệt Vời
Fogo	Lửa
Futurista	Tương Lai
Galáxia	Thiên Hà
Ilusão	Ảo Giác
Imaginário	Tưởng Tượng
Livros	Sách
Misterioso	Bí Ẩn
Mundo	Thế Giới
Oráculo	Oracle
Planeta	Hành Tinh
Realista	Thực Tế
Tecnologia	Công Nghệ
Utopia	Utopia

Flores
Những Bông Hoa

Buquê	Bó Hoa
Dente-De-Leão	Bồ Công Anh
Gardênia	Gardenia
Girassol	Hướng Dương
Hibisco	Dâm Bụt
Jasmim	Jasmine
Lavanda	Hoa oải Hương
Lilás	Tử Đinh Hương
Lírio	Hoa loa Kèn
Magnólia	Magnolia
Margarida	Daisy
Orquídea	Phong Lan
Papoula	Poppy
Peônia	Hoa mẫu Đơn
Pétala	Cánh Hoa
Plumeria	Plumeria
Rosa	Hoa Hồng
Trevo	Cỏ ba Lá
Tulipa	Lời Khuyên

Floresta Tropical
Rừng mưa Nhiệt Đới

Botânico	Thực Vật
Clima	Khí Hậu
Comunidade	Cộng Đồng
Diversidade	Đa Dạng
Espécies	Loài
Indígena	Bản Địa
Insetos	Côn Trùng
Musgo	Rêu
Natureza	Thiên Nhiên
Nuvens	Đám Mây
Pássaros	Chim
Preservação	Sự bảo Tồn
Refúgio	Refuge
Respeito	Sự tôn Trọng
Restauração	Phục Hồi
Selva	Rừng
Sobrevivência	Sự Sống Còn
Valioso	Quý

Formas
Hình Dạng

Arco	Cung
Canto	Góc
Cilindro	Hình Trụ
Círculo	Vòng Tròn
Cone	Nón
Curva	Đường Cong
Elipse	Ellipse
Esfera	Cầu
Hipérbole	Hyperbola
Lado	Bên
Linha	Hàng
Pirâmide	Kim tự Tháp
Polígono	Đa Giác
Prisma	Lăng
Quadrado	Quảng Trường
Retângulo	Hình chữ Nhật
Triângulo	Tam Giác

Frutas
Trái Cây

Abacate	Trái Bơ
Abacaxi	Dứa
Amora	Blackberry
Baga	Quả Mọng
Banana	Chuối
Cereja	Quả anh Đào
Coco	Dừa
Damasco	Quả Mơ
Figo	Hình
Framboesa	Mâm Xôi
Kiwi	Quả Kiwi
Laranja	Cam
Limão	Chanh
Maçã	Táo
Mamão	Đu Đủ
Manga	Trái Xoài
Nectarina	Cây Xuân Đào
Pera	Lê
Pêssego	Đào
Uva	Nho

Gatos
Những con Mèo

Brincalhão	Vui Tươi
Caçador	Thợ Săn
Cauda	Đuôi
Curioso	Tò Mò
Dormir	Ngủ
Engraçado	Buồn Cười
Fio	Sợi
Independente	Độc Lập
Louco	Điên
Mouse	Chuột
Pata	Chân
Personalidade	Cá Tính
Selvagem	Hoang Dã
Tímido	Nhút Nhát

Geografia
Môn địa Lý

Altitude	Độ Cao
Atlas	Atlas
Cidade	Thành Phố
Continente	Lục Địa
Hemisfério	Bán Cầu
Ilha	Đảo
Latitude	Vĩ Độ
Mapa	Bản Đồ
Mar	Biển
Meridiano	Kinh Tuyến
Montanha	Núi
Mundo	Thế Giới
Norte	Bắc
Oceano	Đại Dương
Oeste	Hướng Tây
País	Quốc Gia
Região	Khu Vực
Rio	Sông
Sul	Phía Nam
Território	Lãnh Thổ

Geologia
Địa Chất Học

Ácido	Axit
Camada	Lớp
Caverna	Hang Động
Cálcio	Calcium
Continente	Lục Địa
Coral	San Hô
Cristais	Tinh Thể
Erosão	Xói Mòn
Estalactite	Nhũ Đá
Estalagmites	Măng Đá
Fóssil	Hóa Thạch
Lava	Dung Nham
Minerais	Khoáng Sản
Pedra	Đá
Platô	Cao Nguyên
Quartzo	Thạch Anh
Sal	Muối
Terremoto	Động Đất
Vulcão	Núi Lửa
Zona	Vùng

Herbalismo
Chủ Nghĩa Thảo Dược

Açafrão	Nghệ Tây
Alecrim	Rosemary
Alho	Tỏi
Aromático	Thơm
Benéfico	Có Lợi
Estragão	Giấm
Flor	Hoa
Funcho	Thì Là
Ingrediente	Thành Phần
Jardim	Vườn
Lavanda	Hoa oải Hương
Manjericão	Húng Quế
Manjerona	Lá Kinh Giới
Orégano	Oregano
Planta	Thực Vật
Qualidade	Chất Lượng
Sabor	Hương Vị
Salsa	Mùi Tây
Tomilho	Xạ Hương
Verde	Xanh

Insetos
Côn Trùng

Abelha	Con Ong
Barata	Gián
Besouro	Bọ Cánh Cứng
Borboleta	Bướm
Cigarra	Con ve Sầu
Cupim	Mối
Formiga	Kiến
Gafanhoto	Châu Chấu
Joaninha	Ladybug
Larva	Ấu Trùng
Louva-A-Deus	Bọ Ngựa
Mariposa	Bướm Đêm
Minhoca	Sâu
Mosquito	Muỗi
Pulga	Bọ Chét
Pulgão	Rệp
Vespa	Ong

Instrumentos Musicais
Nhạc Cụ

Bandolim	Mandolin
Banjo	Bass
Baquetas	Đùi
Clarinete	Clarinet
Fagote	Dàn Nhạc
Flauta	Sáo
Gaita	Harmonica
Gongo	Chiêng
Harpa	Đàn Hạc
Marimba	Marimba
Pandeiro	Lục Lạc
Percussão	Gõ
Piano	Dương Cầm
Saxofone	Saxophone
Tambor	Trống
Trombone	Trombone
Trompete	Kèn
Violão	Đàn ghi Ta
Violino	Đàn vi ô Lông
Violoncelo	Cello

Jardim
Khu Vườn

Ancinho	Cào
Arbusto	Bụi Cây
Árvore	Cây
Banco	Băng Ghế
Cerca	Hàng Rào
Ervas Daninhas	Weeds
Flor	Hoa
Garagem	Ga-Ra
Grama	Cỏ
Jardim	Vườn
Lagoa	Ao
Maca	Võng
Mangueira	Vòi
Pá	Xẻng
Pomar	Thẻ
Solo	Đất
Terraço	Sân Thượng
Trampolim	Tấm Bạt
Varanda	Hiên

Literatura
Văn Học

Analogia	Tương Tự
Análise	Phân Tích
Anedota	Giai Thoại
Autor	Tác Giả
Biografia	Tiểu Sử
Comparação	So Sánh
Conclusão	Phần kết Luận
Descrição	Sự Miêu Tả
Diálogo	Hội Thoại
Estilo	Phong Cách
Ficção	Viễn Tưởng
Metáfora	Ẩn Dụ
Opinião	Ý Kiến
Poema	Bài Thơ
Poético	Thơ
Rima	Vần
Ritmo	Nhịp
Romance	Tiểu Thuyết
Tema	Chủ Đề
Tragédia	Bi Kịch

Livros
Sách

Autor	Tác Giả
Coleção	Bộ sưu Tập
Contexto	Bối Cảnh
Dualidade	Kéo Dài
Escrito	Viết
História	Câu Chuyện
Histórico	Lịch Sử
Imersão	Ngâm
Inventivo	Sáng Tạo
Leitor	Người Đọc
Literário	Văn Học
Palavras	Từ
Página	Trang
Personagem	Nhân Vật
Poema	Bài Thơ
Poesia	Thơ
Relevante	Có Liên Quan
Romance	Tiểu Thuyết
Série	Loạt
Trágico	Bi Kịch

Mamíferos
Động vật có Vú
Baleia	Cá Voi
Camelo	Lạc Đà
Canguru	Kangaroo
Castor	Hải Ly
Cavalo	Ngựa
Cão	Chó
Coelho	Thỏ
Coiote	Coyote
Elefante	Con Voi
Gato	Con Mèo
Girafa	Hươu cao Cổ
Golfinho	Cá Heo
Gorila	Khỉ Đột
Leão	Sư Tử
Lobo	Chó Sói
Macaco	Khỉ
Ovelha	Cừu
Raposa	Cáo
Touro	Bò Đực
Zebra	Ngựa Vằn

Matemática
Toán Học
Aritmética	Số Học
Ângulos	Góc
Decimal	Thập Phân
Diâmetro	Đường Kính
Equação	Phương Trình
Expoente	Mũ
Fração	Phân Số
Geometria	Hình Học
Números	Số
Paralelo	Song Song
Perímetro	Chu Vi
Perpendicular	Vuông Góc
Polígono	Đa Giác
Quadrado	Quảng Trường
Raio	Bán Kính
Retângulo	Hình chữ Nhật
Simetria	Đối Xứng
Soma	Tổng
Triângulo	Tam Giác
Volume	Âm Lượng

Material de Arte
Đồ Dùng Nghệ Thuật
Acrílico	Acrylic
Apagador	Tẩy
Aquarelas	Màu Nước
Argila	Đất Sét
Água	Nước
Cadeira	Ghế
Carvão	Than
Cavalete	Easel
Câmera	Máy Ảnh
Cola	Keo
Cores	Màu Sắc
Criatividade	Sáng Tạo
Escovas	Bàn Chải
Lápis	Bút Chì
Mesa	Bàn
Óleo	Dầu
Papel	Giấy
Pastels	Pastels
Tinta	Mực
Tintas	Sơn

Medições
Các Phép Đo
Altura	Chiều Cao
Byte	Byte
Centímetro	Centimet
Comprimento	Chiều Dài
Decimal	Thập Phân
Grama	Gram
Grau	Trình Độ
Largura	Chiều Rộng
Litro	Lít
Massa	Khối Lượng
Metro	Mét
Minuto	Phút
Onça	Ounce
Peso	Cân Nặng
Polegada	Inch
Profundidade	Độ Sâu
Quilograma	Kilôgam
Quilômetro	Kilômét
Tonelada	Tấn
Volume	Âm Lượng

Meditação
Thiền
Aceitação	Chấp Nhận
Atenção	Chú Ý
Bondade	Lòng Tốt
Clareza	Rõ Ràng
Compaixão	Thương Hại
Emoções	Cảm Xúc
Ensinamentos	Dạy
Gratidão	Lòng Biết Ơn
Hábitos	Thói Quen
Mental	Tâm Thần
Mente	Lí Trí
Movimento	Phong Trào
Música	Âm Nhạc
Natureza	Thiên Nhiên
Observação	Quan Sát
Paz	Hòa Bình
Pensamentos	Suy Nghĩ
Perspectiva	Quan Điểm
Postura	Tư Thế
Silêncio	Im Lặng

Mitologia
Thần Thoại
Arquétipo	Nguyên Mẫu
Ciúmes	Ghen
Comportamento	Hành Vi
Criação	Sáng Tạo
Criatura	Sinh Vật
Cultura	Văn Hoá
Desastre	Thảm Họa
Força	Sức Mạnh
Guerreiro	Chiến Binh
Heroína	Nữ anh Hùng
Herói	Anh Hùng
Imortalidade	Sự bất Tử
Labirinto	Mê Cung
Lenda	Truyền Thuyết
Mágico	Huyền Diệu
Monstro	Quái Vật
Mortal	Có Chết
Relâmpago	Sét
Trovão	Sấm
Vingança	Trả Thù

Natureza
Thiên Nhiên

Abelhas	Ong
Animais	Động Vật
Ártico	Bắc Cực
Beleza	Vẻ Đẹp
Deserto	Sa Mạc
Dinâmico	Năng Động
Erosão	Xói Mòn
Floresta	Rừng
Folhagem	Lá
Geleira	Sông Băng
Montanhas	Núi
Nevoeiro	Sương Mù
Nuvens	Đám Mây
Pacífico	Hòa Bình
Rio	Sông
Santuário	Thánh
Selvagem	Hoang Dã
Sereno	Serene
Tropical	Nhiệt Đới
Vital	Quan Trọng

Nutrição
Dinh Dưỡng

Amargo	Đắng
Apetite	Ngon
Calorias	Calo
Carboidratos	Carbohydrate
Comestível	Ăn Được
Dieta	Ăn Kiêng
Digestão	Tiêu Hóa
Equilibrado	Cân Bằng
Fermentação	Lên Men
Ingredientes	Thành Phần
Líquidos	Chất Lỏng
Molho	Nước Xốt
Peso	Cân Nặng
Proteínas	Protein
Qualidade	Chất Lượng
Sabor	Hương Vị
Saudável	Khỏe Mạnh
Saúde	Sức Khỏe
Toxina	Độc Tố
Vitamina	Vitamin

Números
Con Số

Cinco	Năm
Decimal	Thập Phân
Dez	Mười
Dezesseis	Mười Sáu
Dezessete	Mười Bảy
Dezoito	Mười Tám
Dois	Hai
Doze	Mười Hai
Nove	Chín
Oito	Tám
Quatorze	Mười Bốn
Quatro	Bốn
Quinze	Mười Lăm
Seis	Sáu
Sete	Bảy
Treze	Mười Ba
Três	Ba
Um	Một
Vinte	Hai Mươi
Zero	Số Không

Oceano
Đại Dương

Alga	Tảo
Atum	Cá Ngừ
Baleia	Cá Voi
Barco	Thuyền
Camarão	Tôm
Caranguejo	Cua
Coral	San Hô
Enguia	Lươn
Esponja	Bọt Biển
Golfinho	Cá Heo
Marés	Thủy Triều
Medusa	Sứa
Ostra	Hàu
Peixe	Cá
Polvo	Bạch Tuộc
Recife	Trả Lại
Sal	Muối
Tartaruga	Rùa
Tempestade	Bão Táp
Tubarão	Cá Mập

Outono
Mùa Thu

Bolota	Acorn
Castanhas	Hạt Dẻ
Clima	Khí Hậu
Equinócio	Phân
Festival	Lễ Hội
Geada	Sương Giá
Incêndios	Cháy
Maçãs	Táo
Meses	Tháng
Migração	Di Cư
Natureza	Thiên Nhiên
Pomar	Thẻ
Roupa	Quần Áo
Sazonal	Mùa
Tempo	Thời Tiết

Paisagens
Phong Cảnh

Cascata	Thác Nước
Caverna	Hang
Colina	Đồi
Deserto	Sa Mạc
Estuário	Cửa Sông
Geleira	Sông Băng
Golfo	Vịnh
Ilha	Đảo
Lago	Hồ
Mar	Biển
Montanha	Núi
Oásis	Ốc Đảo
Oceano	Đại Dương
Pântano	Đầm Lầy
Península	Bán Đảo
Praia	Bãi Biển
Rio	Sông
Tundra	Lãnh Nguyên
Vale	Thung Lũng
Vulcão	Núi Lửa

Países #2
Quốc gia # 2

Albânia	Albania
Dinamarca	Đan Mạch
França	Pháp
Grécia	Hy Lạp
Haiti	Haiti
Indonésia	Indonesia
Irlanda	Ireland
Jamaica	Jamaica
Japão	Nhật Bản
Laos	Lào
Líbano	Lebanon
México	Mexico
Nepal	Nepal
Nigéria	Nigeria
Paquistão	Pakistan
Rússia	Nga
Síria	Syria
Somália	Somalia
Ucrânia	Ukraina
Uganda	Uganda

Pássaros
Chim

Avestruz	Đà Điểu
Águia	Đại Bàng
Cegonha	Cò
Cisne	Thiên Nga
Corvo	Con Quạ
Cuco	Chim Cu
Flamingo	Flamingo
Frango	Gà
Gaivota	Mòng Biển
Ganso	Ngỗng
Garça	Diệc
Ovo	Trứng
Papagaio	Con Vẹt
Pardal	Chim Sẻ
Pato	Vịt
Pavão	Công
Pelicano	Bồ Nông
Pinguim	Chim Cánh Cụt
Pombo	Chim bồ Câu
Tucano	Toucan

Pesca
Đánh bắt Cá

Água	Nước
Barbatanas	Vây
Barco	Thuyền
Brânquias	Mang
Cesta	Cái Rổ
Cozinhar	Nấu
Equipamento	Thiết Bị
Exagero	Phóng Đại
Fio	Dây
Gancho	Móc
Isca	Mồi
Lago	Hồ
Mandíbula	Hàm
Oceano	Đại Dương
Paciência	Kiên Nhẫn
Peso	Cân Nặng
Praia	Bãi Biển
Rio	Sông
Temporada	Mùa

Piratas
Cướp Biển

Âncora	Neo
Bandeira	Cờ
Bússola	La Bàn
Capitão	Thuyền Trưởng
Caverna	Hang
Cicatriz	Sẹo
Espada	Thanh Kiếm
Ilha	Đảo
Lenda	Truyền Thuyết
Mapa	Bản Đồ
Mau	Xấu
Moedas	Đồng Xu
Oceano	Đại Dương
Ouro	Vàng
Papagaio	Con Vẹt
Perigo	Nguy Hiểm
Praia	Bãi Biển
Rum	Rum
Tesouro	Kho Báu
Tripulação	Phi Hành Đoàn

Plantas
Cây

Arbusto	Bụi Cây
Árvore	Cây
Baga	Quả Mọng
Bambu	Tre
Botânica	Thực vật Học
Cacto	Xương Rồng
Feijão	Hạt Đậu
Fertilizante	Phân Bón
Flor	Hoa
Flora	Flora
Floresta	Rừng
Folhagem	Lá
Grama	Cỏ
Hera	Ivy
Jardim	Vườn
Musgo	Rêu
Pétala	Cánh Hoa
Raiz	Nguồn Gốc
Sol	Mặt Trời
Vegetação	Thực Vật

Praia
Trên bãi Biển,

Areia	Cát
Azul	Màu Xanh
Barco	Thuyền
Caranguejo	Cua
Costa	Bờ Biển
Doca	Dock
Guarda-Chuva	Ô
Ilha	Đảo
Lagoa	Đầm
Mar	Biển
Oceano	Đại Dương
Recife	Trả Lại
Sandálias	Dép
Sol	Mặt Trời
Toalha	Khăn
Veleiro	Thuyền Buồm

Preencher
Để Điền Vào

Balde	Xô
Bandeja	Khay
Barril	Thùng
Bolso	Túi
Caixa	Hộp
Cesta	Cái Rổ
Envelope	Phong Bì
Garrafa	Chai
Gaveta	Ngăn Kéo
Mala	Va Li
Navio	Tàu
Pacote	Gói
Pasta	Thư Mục
Tubo	Ống
Vaso	Bình

Profissões #1
Nghề Nghiệp số 1

Advogado	Luật Sư
Alfaiate	Thợ May
Artista	Nghệ Sĩ
Atleta	Lực Sĩ
Banqueiro	Ngân Hàng
Bombeiro	Lính cứu Hỏa
Caçador	Thợ Săn
Cientista	Nhà Khoa Học
Dançarino	Vũ Công
Doutor	Bác Sĩ
Editor	Biên tập Viên
Embaixador	Đại Sứ
Encanador	Plumber
Enfermeira	Y Tá
Geólogo	Nhà địa Chất
Joalheiro	Jeweler
Marinheiro	Thủy Thủ
Músico	Nhạc Sĩ
Pianista	Nghệ sĩ Piano
Veterinário	Bác sĩ thú Y

Profissões #2
Nghề Nghiệp số 2

Agricultor	Nông Dân
Astronauta	Phi Hành Gia
Bibliotecário	Thủ Thư
Dentista	Nha Sĩ
Detetive	Thám Tử
Editor	Nhà Xuất Bản
Engenheiro	Kỹ Sư
Filósofo	Triết Gia
Fotógrafo	Nhiếp ảnh Gia
Ilustrador	Họa
Jornalista	Nhà Báo
Linguista	Nhà Ngôn Ngữ
Médico	Bác Sĩ
Piloto	Phi Công
Pintor	Họa Sĩ
Político	Chính trị Gia
Professor	Giáo Viên
Químico	Nhà hóa Học

Restaurante # 2
Nhà Hàng số 2

Almoço	Bữa Trưa
Aperitivo	Món Khai Vị
Água	Nước
Bebida	Đồ Uống
Bolo	Bánh
Cadeira	Ghế
Colher	Cái Thìa
Delicioso	Ngon
Especiarias	Gia Vị
Fruta	Trái Cây
Garçom	Phục vụ Nam
Garfo	Cái Nĩa
Gelo	Băng
Jantar	Bữa Tối
Legumes	Rau
Macarrão	Mì
Peixe	Cá
Sal	Muối
Salada	Salad
Sopa	Súp

Restaurante #1
Nhà Hàng # 1

Alergia	Dị Ứng
Café	Cà Phê
Carne	Thịt
Cozinha	Nhà Bếp
Faca	Dao
Frango	Gà
Garçonete	Nữ Phục Vụ
Guardanapo	Khăn Ăn
Ingredientes	Thành Phần
Menu	Thực Đơn
Molho	Nước Xốt
Pão	Bánh Mì
Picante	Cay
Placa	Đĩa
Reserva	Đặt Phòng
Tigela	Bát

Roupas
Quần Áo

Avental	Tạp Dề
Blusa	Áo Cánh
Calça	Quần
Camisa	Áo sơ Mi
Chapéu	Mũ
Cinto	Thắt Lưng
Colar	Vòng Cổ
Jaqueta	Áo Khoác
Jeans	Quần Jean
Lenço	Khăn Quàng Cổ
Luvas	Găng Tay
Meias	Vớ
Moda	Thời Trang
Pijama	Pajama
Pulseira	Vòng Tay
Saia	Váy
Sandálias	Dép
Sapato	Giày
Suéter	Áo Len
Vestido	Ăn

Sons
Âm Thanh

Apito	Còi
Aplaudir	Vỗ
Concerto	Buổi hòa Nhạc
Coro	Điệp Khúc
Eco	Tiếng Dội
Gemer	Rên
Ressonante	Cộng Hưởng
Riso	Tiếng Cười
Ruidoso	Ồn Ào
Sino	Chuông
Sirenes	Sirens
Sussurrar	Thì Thầm
Tosse	Ho
Vibração	Rung Động
Vozes	Tiếng Nói

Surf
Lướt Sóng

Atleta	Lực Sĩ
Campeão	Quán Quân
Espuma	Bọt
Estilo	Phong Cách
Estômago	Bụng
Extremo	Cực
Força	Sức Mạnh
Multidões	Đám Đông
Oceano	Đại Dương
Onda	Sóng
Popular	Phổ Biến
Praia	Bãi Biển
Principiante	Người bắt Đầu
Rapidez	Tốc Độ
Recife	Trả Lại
Tempo	Thời Tiết

Tecnologia
Công Nghệ

Arquivo	Tập Tin
Blog	Blog
Bytes	Nội
Câmera	Máy Ảnh
Computador	Máy Tính
Cursor	Con Trỏ
Dados	Dữ Liệu
Digital	Kỹ Thuật Số
Estatísticas	Thống Kê
Fonte	Chữ
Internet	Internet
Mensagem	Thông Điệp
Navegador	Trình Duyệt
Pesquisa	Nghiên Cứu
Segurança	An Ninh
Software	Phần Mềm
Tela	Màn
Virtual	Ảo
Vírus	Vi Rút

Tempo
Thời Gian

Agora	Bây Giờ
Ano	Năm
Antes	Trước
Anual	Hàng Năm
Calendário	Lịch
Década	Thập Kỷ
Dia	Ngày
Futuro	Tương Lai
Hoje	Hôm Nay
Hora	Giờ
Manhã	Buổi Sáng
Meio-Dia	Buổi Trưa
Mês	Tháng
Minuto	Phút
Momento	Chốc Lát
Noite	Đêm
Ontem	Hôm Qua
Relógio	Đồng Hồ
Semana	Tuần
Século	Thế Kỷ

Tipos de Cabelo
Các Loại Tóc

Branco	Trắng
Brilhante	Sáng Bóng
Cachos	Curls
Careca	Hói
Cinza	Màu Xám
Colori	Màu
Curto	Ngắn
Encaracolado	Xoăn
Fino	Mỏng
Grosso	Dày
Loiro	Tóc Vàng
Longo	Dài
Marrom	Màu Nâu
Prata	Bạc
Preto	Đen
Saudável	Khỏe Mạnh
Seco	Khô
Suave	Mềm
Trançado	Bện
Tranças	Braids

Vegetais
Rau Củ

Abóbora	Quả bí Ngô
Aipo	Cần Tây
Alcachofra	Atisô
Alho	Tỏi
Batata	Khoai Tây
Beringela	Cà Tím
Brócolis	Bông cải Xanh
Cebola	Hành
Cenoura	Cà Rốt
Chalota	Củ Hẹ
Cogumelo	Nấm
Couve-Flor	Súp Lơ
Ervilha	Đậu
Espinafre	Rau Bina
Gengibre	Gừng
Nabo	Củ Cải
Pepino	Dưa Chuột
Salada	Salad
Salsa	Mùi Tây
Tomate	Cà Chua

Veículos
Xe Cộ

Ambulância	Xe cứu Thương
Avião	Máy Bay
Balsa	Phà
Barco	Thuyền
Bicicleta	Xe Đạp
Caminhão	Xe Tải
Caravana	Caravan
Carro	Xe Hơi
Foguete	Tên Lửa
Furgão	Van
Jangada	Bè
Lambreta	Xe tay Ga
Metrô	Xe Điện Ngầm
Motor	Động Cơ
Ônibus	Xe Buýt
Pneus	Lốp
Submarino	Tàu Ngầm
Táxi	Xe tắc Xi
Trator	Máy Kéo

Verão
Mùa Hè

Acampamento	Cắm Trại
Alegria	Niềm Vui
Amigos	Bạn Bè
Casa	Nhà
Estrelas	Sao
Família	Gia Đình
Jardim	Vườn
Jogos	Trò Chơi
Lazer	Giải Trí
Livros	Sách
Mar	Biển
Mergulho	Lặn
Música	Âm Nhạc
Praia	Bãi Biển
Relaxamento	Thư Giãn
Sandálias	Dép
Viagem	Du Lịch

Virtudes #1
Đức Hạnh số 1

Apaixonado	Đam Mê
Artístico	Nghệ Thuật
Bom	Tốt
Curioso	Tò Mò
Decisivo	Quyết Định
Eficiente	Hiệu Quả
Encantador	Quyến Rũ
Engraçado	Buồn Cười
Generoso	Rộng Lượng
Imaginativo	Tưởng Tượng
Independente	Độc Lập
Inteligente	Thông Minh
Limpo	Dọn Dẹp
Modesto	Khiêm Tốn
Paciente	Kiên Nhẫn
Prático	Thực Tế
Sábio	Khôn Ngoan
Útil	Hữu Ích

Xadrez
Cờ Vua

Branco	Trắng
Campeão	Quán Quân
Concurso	Cuộc Thi
Diagonal	Đường Chéo
Estratégia	Chiến Lược
Jogador	Người Chơi
Jogo	Trò Chơi
Oponente	Đối Thủ
Passivo	Thụ Động
Pontos	Điểm
Preto	Đen
Rainha	Nữ Hoàng
Regras	Quy Tắc
Rei	Vua
Sacrifício	Hy Sinh
Tempo	Thời Gian
Torneio	Giải Đấu

Parabéns

Conseguiu!

Esperamos que tenha gostado tanto deste livro como nós gostamos de o desenhar. Esforçamo-nos por criar livros da mais alta qualidade possível.
Esta edição foi concebida para proporcionar uma aprendizagem inteligente, de qualidade e divertida!

Gostou deste livro?

Um simples pedido

Estes livros existem graças às críticas que publica.
Pode ajudar-nos, deixando agora uma revisão?

Aqui está um pequeno link para
a sua página de revisão:

BestBooksActivity.com/Avaliacoes50

DESAFIO FINAL!

Desafio n° 1

Está pronto para o seu jogo grátis? Usamo-los a toda a hora, mas não são tão fáceis de encontrar - aqui estão os **Sinônimos!**
Escreva 5 palavras que encontrou nos puzzles (n° 21, n° 36, n° 76) e tente encontrar 2 sinónimos para cada palavra.

Escreva 5 palavras de *Puzzle 21*

Palavras	Sinônimo 1	Sinônimo 2

Escreva 5 palavras de *Puzzle 36*

Palavras	Sinônimo 1	Sinônimo 2

Escreva 5 palavras de *Puzzle 76*

Palavras	Sinônimo 1	Sinônimo 2

Desafio n° 2

Agora que já aqueceu, escreva 5 palavras que encontrou nos Puzzles (n° 9, n° 17 e n° 25) e tente encontrar 2 antônimos para cada palavra. Quantos se podem encontrar em 20 minutos?

Escreva 5 palavras de *Puzzle 9*

Palavras	Antônimo 1	Antônimo 2

Escreva 5 palavras de *Puzzle 17*

Palavras	Antônimo 1	Antônimo 2

Escreva 5 palavras de *Puzzle 25*

Palavras	Antônimo 1	Antônimo 2

Desafio n° 3

Óptimo! Este desafio final não é nada para si.

Pronto para o desafio final? Escolha 10 palavras que tenha descoberto nos diferentes puzzles e escreva-as abaixo.

1.	6.
2.	7.
3.	8.
4.	9.
5.	10.

Agora escreva um texto a pensar numa pessoa, num animal ou num lugar de seu agrado.

Pode utilizar a última página deste livro como um rascunho.

A Sua Composição:

CADERNO DE NOTAS:

ATÉ BREVE!

A equipa Inteira

DESCUBRA JOGOS GRATUITOS

GO

↓

BESTACTIVITYBOOKS.COM/FREEGAMES